AF617687

CANTOS DEL PABELLÓN AZUL

CANTOS DEL PABELLÓN AZUL

Poemas de las cortesanas (kisaeng) *coreanas*

Selección, introducción y notas de
Vincenza D'Urso

Traducción de Vincenza D'Urso
y Clara Janés

ediciones del oriente
y del mediterráneo

ISBN: 978-84-125121-6-8
Depósito legal: M-15836-2025

A mi familia

INTRODUCCIÓN

La poesía expresa lo que está en el alma,
el canto hace perenne a la palabra.
(Del *Clásico de los Documentos* (Canon de Shun)

I

La idea de la presente antología nace como continuación de un proyecto iniciado con mi tesis doctoral en la Universidad de Hamburgo, dedicada a la figura de la *kisaeng* (semejante a la *geisha* japonesa) en la Corea tradicional y a su institucionalización en la sociedad coreana de la época Chosŏn (1392-1910). Se trata de un proyecto muy amplio, imposible tratarlo de manera exhaustiva en una simple tesis doctoral. La investigación tomó como referencia, en un principio, los *Anales de la Dinastía Chosŏn (Chosŏn Wangjo Sillok),* la fuente histórica oficial más autorizada sobre los últimos 500 años de monarquía y el papel desempeñado por las *kisaeng* en la sociedad coreana del momento. El resultado de las investigaciones, si bien representando solo una visión parcial del tema, se convirtió en una tesis doctoral en Hamburgo en 1997.

Esta antología añade otra tesela al gran mosaico que fue el mundo de las *kisaeng*, un mundo que hoy no existe y que, para ser conocido a fondo, requiere de aproximaciones interdisciplinares y de saberes difíciles de poseer y dominar. Las *kisaeng*, además de desempeñar un papel social muy particular, eran, de hecho, no solo poetisas, sino bailarinas, músicas, pintoras y entretenedoras cultas de cultos literatos.

Queda sobreentendido que tanto la primera aproximación al tema a través de fuentes históricas, como la sucesiva lectura y traducción de las producciones poéticas de estas mujeres, representa solo los primeros pasos hacia el interior del «micromundo» de las *kisaeng,* «micromundo» que se mueve dentro del «mundo» de las mujeres en la sociedad coreana tradicional, inscrita, a su vez, en el «macromundo» de la sociedad coreana de la época, impregnada de doctrina de inspiración neoconfuciana. Pero el fenómeno de las *kisaeng*, entendido como sistema de mujeres, hábiles artistas y entretenedores, no se limita a los confines nacionales, halla paralelo, en la época tradicional premoderna, también en China y Japón. Son célebres las mujeres que vivían y trabajaban en el Barrio de la Paz Celeste de la China Tang, o las geishas que hicieron famoso el brillante barrio Yoshiwara en Japón. En realidad, Corea no tuvo nunca barrio de placer. El sistema coreano parece mostrar aspectos mucho más institucionalizados y controlados por un poder central. Gran parte de las *kisaeng* giraban de hecho en torno al sistema del funcionariado y de las administraciones públicas centrales o locales. Eran reclutadas de niñas, a una edad entre los diez y los quince años, a través de complicadas selecciones realizadas cada tres años a nivel nacional, reguladas por reglas insertas incluso en el Código Nacional. Para las mejores se abrían las puertas del palacio real. Pocas, sin embargo, vivían de un modo completamente autónomo, no insertas en un sistema más amplio que, aunque requiriera un empleo cotidiano, les daba a cambio la certeza de una supervivencia mejor que la que habrían tenido de permanecer en su pobre familia de origen. Muy a menudo, el éxito de una hija *kisaeng* significaba una vida mejor para toda la familia. Es, pues, comprensible que, para familias de esclavos y gente común, tener una (¡mejor, si es hermosa y hábil!) pudiese representar un horizonte muy atractivo, que contribuiría al mejoramiento de la posición económica de toda la familia.

Con la entrada en el período contemporáneo y la consiguiente caída de la monarquía Chosŏn, sea en China sea en Corea, el sistema de las *kisaeng* como organización centralizada de entretenedoras profesionales deja de existir: al faltar la estructura sustentadora, la razón de ser del sistema entero, y el propio concepto de las *kisaeng* acaba perdiendo la característica de «mujer que toca un instrumento musical de cuerda»[1], para convertirse en equivalente del término «prostituta».

En Japón, en cambio, no parece que esto haya acontecido: el concepto *geisha* continúa conservando hoy su connotación artística de entretenedora. En tiempos recientes, el tema *kisaeng* parece haber conocido en Corea un renacimiento de atención por parte de los estudiosos, sobre todo desde el punto de vista de su aportación musical en los años sucesivos a la caída de la monarquía. Numerosos estudiosos (sobre todo en el sector musicológico) se han centrado en el papel desarrollado por las *kisaeng* en la difusión (y conservación en tiempos

1. Esta es la definición que se da del término *ki* (*kisaeng*) en uno de los primeros diccionarios coreanos de 1527, el *Hummong chahoe* (Caracteres chinos para fines didácticos).

de dominio colonial japonés) de la cultura coreana, de modo especial a través de la transmisión del patrimonio musical y artístico nacional.

Esta antología comprende solo el periodo histórico correspondiente a la duración de la monarquía. He querido titular esta selección antológica *Cantos del pabellón azul*, porque este pabellón azul *(ch'ŏngnu)* es, tanto en poesía como en prosa clásica, con frecuencia la referencia al lugar donde viven las *kisaeng*. La elección del término «cantos» como el de «poesía», se ha hecho no solo por motivos puramente estéticos y de preferencia personal, sino también para subrayar que se trataba en gran parte de poemas cantados y no recitados. La antología contiene 99 textos, de ellos 51 en *sijo* y 48 en chino clásico *(hansi)*, todos compuestos por autoras más o menos conocidas. Se ha preferido traducir 99 y no llegar a 100, pues el número 99 en Corea deja espacio a la mejora, al crecimiento. El número 100 habría dado la impresión de una operación cerrada y completa. Es mi intención seguir investigando en esta dirección y espero que el haber parado en 99 sea un buen augurio.

Un autor coreano del tardo ochocientos, principio del novecientos[2], ha definido a las *kisaeng* como «Haeŏhwa», o sea, «Flores que comprenden la palabra». La presente antología desea ofrecer un panorama suficientemente amplio de la maestría y el nivel artístico alcanzado por estas mujeres de origen humilde, y espera

2. Yi Nŭnghwa, que tituló su famoso libro sobre las *kisaeng* Chosŏn *Haeŏhwasa* (Historia de las flores de la época Chosŏn, que comprendían la palabra) de 1927, y con una nueva edición en coreano contemporáneo en 1992, *Chosŏn haeŏhwasa*. Tongmunsŏn Munyesinsŏ 29, Tongmunsŏn, Seúl.

haberles dado, a una distancia de casi 600 años del nacimiento de la primera poetisa, una voz renovada en el tercer milenio.

2

Los textos contemplados en esta antología han sido compuestos en un amplio arco de cerca de cinco siglos, durante el período histórico conocido en Corea como «dinastía Chosŏn».

Cronológicamente, el período Chosŏn corresponde al reino dinástico de mayor duración de toda la historia coreana: abarca más de quinientos años, que van de 1392 hasta los comienzos del siglo pasado. Con la anexión de Corea por Japón en 1910, en Corea se asiste a una profunda trasformación social y cultural que sienta las bases para la formación de la Corea moderna. Sobre todo el primer periodo Chosŏn está marcado por grandes conflictos políticos, históricos y sociales. Con la subida al poder de una nueva familia dinástica, la familia Yi, el budismo deja de ser la potente religión de Estado, perdiendo así el papel de ideología dominante que había tenido durante la dinastía precedente Koryŏ (918-1392), para ser sustituida por el neoconfucianismo, con su pesada carga de reglas y restricciones.

El fundador de la nueva dinastía, el general Yi Sŏnggye, descendiente de una familia de militares, inicia una serie de cambios radicales que iban de una amplia reforma territorial a la reorganización del ejército y el traslado de la capital de Songdo (actual Kaesŏng, en la República Popular Democrática de Corea) a Hanyang, la actual Seúl. Sobre todo en los primeros cien años de vida de la nueva dinastía, la actividad de legislación y reglamentación del nuevo sistema burocrático-administrativo es muy intensa.

La época Chosŏn es considerada un período relativamente pacífico (son solo dos las invasiones que precipitan el país en el desorden más completo: la primera en el siglo XIII por parte de los mongoles, que acaba con una derrota amarga de los coreanos; y la segunda, a finales del XVI con la llegada de los japoneses, que acaba, en cambio, tras seis años de combates y desórdenes, con la victoria sobre los invasores en una famosa batalla naval en la costas meridional coreana.

Entre los principales cambios aportados en este período dignos de ser mencionados por la radicalidad de sus efectos en la sociedad y en la cultura del país, encontramos, sin sombra de duda, la transformación de los nexos familiares y de la familia en general. La adopción de un sistema familiar basado en el principio patrilineal y el derecho de primogenitura es el elemento que más profundamente influye y modifica el papel y la posición de la mujer en la sociedad de la época y que se convierte, a pesar suyo, en uno de los motivos fundamentales para la institucionalización del sistema de reclutamiento de las *kisaeng*, las entretenedoras y artistas protagonistas de esta antología.

Los rígidos reglamentos neoconfucianos ven en la mujer que limita su esfera de acción al interior de las paredes domésticas la figura de la mujer ideal, de la mujer ejemplar, citada incluso en las compilaciones de historias locales como ejemplo. Al contrario de lo que sucede a sus contemporáneas chinas, que gozan de una mayor libertad de acción y participan en primera persona de la vida cultural de los círculos en los que viven, las mujeres coreanas parecen vivir en condiciones muy severas bajo un control mucho más estricto. Los legisladores coreanos observan casi al pie de la letra los dictados neoconfucianos, dándoles una interpretación restrictiva y conservadora.

De hecho, durante la precedente dinastía Koryŏ, las hijas no estaban excluidas del sistema hereditario, recibían partes iguales a las de sus hermanos, participaban y podían oficiar en las ceremonias de los ritos ancestrales. Las líneas genealógicas femeninas eran tan importantes como las masculinas, y contraer matrimonio en caso de viudedad no estaba prohibido. Con la llegada del Neoconfucianismo todo esto se modifica, lenta, pero profundamente. Las hijas son gradualmente excluidas de la herencia. Gracias al privilegio garantizado de la primogenitura, al hijo mayor de la primera mujer se le otorga la parte mayor de la herencia, se recurre cada vez más a la práctica de la adopción para garantizar una continuidad en la línea de descendencia directa, y la práctica de las segundas y terceras bodas para las viudas es abiertamente condenada.

En una discusión en la corte en 1477, durante el reino de Sŏngjong, se decide que «los hijos y sobrinos de las mujeres que se han casado más de una vez no deberán ser considerados nobles». Incluso si el volverse a casar no llega a ser nunca prohibido oficialmente, en la edición revisada y corregida del *Kyŏngguk taejŏn* (Código Nacional) de 1485, la participación en los exámenes de ingreso a altos cargos burocráticos está prohibida a los hijos y sobrinos de mujeres que han contraído segundas nupcias.

Los autores de las reformas neoconfucianas logran relegar a la mujer al interior de las paredes domésticas. En un documento de Sin Sukchu, del siglo XV, leemos:

> La mujer es la compañera del señor de la casa y tiene la misión de sacarla adelante. El ascenso o la caída de una familia depende de ella. En general la gente sabe cómo educar a los propios hijos, pero no a sus propias hijas. Una mujer es leal y pura, controla sus emociones, es flexible y obediente, y sirve a los demás. Se ocupa exclusivamente de los quehaceres domésticos y no le interesan las cosas públicas.

Para conseguir una mujer que responda a estas características no es necesario enseñarle a los clásicos o impartirle la tradicional (y severa) educación reservada a los hombres. A las mujeres no se les pide recitar de memoria a los clásicos chinos, para ellas basta con saber escribir en alfabeto. La enseñanza necesaria para convertirlas en buenas esposas y madres llega a través del estudio de textos escritos especialmente para ellas. El *Samgang haengsilto* (La conducta de los Tres lazos ilustrada) describe el canon ideal de comportamiento social basado en tres principios confucianos: del ministro fiel, de la piedad filial y de la mujer casta. El *Naehun* (Instrucciones para las mujeres), compilado en 1475 por la madre del rey Sŏngjong, la reina Sohye, indica a las muchachas jóvenes los cuatro principios fundamentales para un comportamiento adecuado: alta conducta moral, expresarse y vestirse de modo apropiado, dedicación total a las tareas consideradas «femeninas», como el bordado y la atención a los huéspedes; el *Yŏsasŏ* (Cuatro libros para las mujeres), compilado alrededor de 1500, contiene cuatro de los principales textos confucianos dirigidos a las mujeres: el *Yŏgye* (Restricciones para las mujeres), el *Yŏnonŏ* (las Analectas Confucianas en versión femenina): el *Naehun* (Instrucciones para las mujeres) y el *Yŏbŏm* (Modelos para las mujeres).

3

Una sociedad que responde a las severas exigencias de los legisladores neoconfucianos resulta ser un sistema altamente desequilibrado, que gira en torno a una rígida división de los papeles entre hombre y mujer, y relega a la mujer de origen noble al interior de los muros domésticos.

El éxito de la práctica del «adoctrinamiento» a las mujeres de clase alta, hallado en numerosos testimonios recogidos de las historias locales, crea así un «vacío cultural» en la esfera pública de interacción social de los literatos y de todos los funcionarios de la burocracia coreana de la época Chosŏn. Es posible pensar que se haya querido obviar este desequilibrio a través de la creación de una nueva figura social, inserta en un bien organizado sistema institucional de reclutamiento y formación de «entretenedoras profesionales de alto nivel», las *kisaeng*, autoras de los textos aquí presentados. Estas viven en pleno período Chosŏn y son de baja extracción social, pertenecientes al grupo de los esclavos[3], elegidas de niñas por su belleza y educadas en las artes de la danza, el

3. En Corea la esclavitud se había vuelto hereditaria ya en la época Koryŏ, en base a una ley de 1039, llamada Chongmo-pŏp, que imponía la condición de la madre a los hijos de todas las madres esclavas, incluso a aquellos

canto y la composición musical y poética, para entretener a los burócratas literatos de la aristocracia coreana.

Su posición social es ambigua: de hecho, si, por un lado, en función de los privilegios obtenidos y de la educación recibida, pueden dejar de considerarse esclavas[4], por otro, aun cuando su libertad sea rescatada, no pueden nunca formar parte integrante de la clase dominante.

Una vez concluido el periodo de formación, llevado a cabo en la mayor parte de los casos de modo centralizado, en la capital, las *kisaeng* eran asignadas, según su grado de belleza y habilidad, a los despachos gubernamentales de la capital y de las ocho provincias administrativas, donde sus nombres eran registrados en listas particulares llamadas *kisaeng kwanan*. Una vez inscritas en dichas listas, sus nombres no se podían eliminar, a no ser que hubieran pasado a ser concubinas de funcionarios de alto grado, o que estuvieran en condiciones de «comprar» la exención de sus obligaciones[5]. Numerosos son los casos

---

nacidos de matrimonios mixtos entre madre esclava y padre libre, por ello desde este momento la condición de la *ki* se vuelve hereditaria.

4. A los esclavos y a la gente común no se les pedía ninguna instrucción. Se les imponía vestir solo de lona, muy frecuentemente sin teñir. Ponerse seda o adornarse con accesorios de oro y plata les estaba prohibido. No se preveía para ellos ningún programa de enseñanza o arte. A las *kisaeng*, al contrario, se les pedía saber leer, escribir, ser hábiles en la composición poética, la danza, la música y el canto. Además se les otorgaba permiso de ponerse vestidos de seda y adornarse con oro y plata.

5. Con el concepto de obligaciones se entendía el conjunto de deberes que un esclavo debía cumplir por cuenta de la autoridad pública. La naturaleza de los servicios debidos se modificó con los siglos, pero podía comprender labores en el campo, trabajos humildes de la administración local y servicios de diversa naturaleza. Después de la introducción del sistema monetario fue posible pagar el equivalente de las obligaciones con dinero, como en el caso en cuestión.

de emancipación de las *kisaeng*, como se demuestra en el *Kisaeng kwanan* de 1894. Aunque el documento es de época más bien tardía, contiene elementos que dan prueba de que no solo era posible que fueran exentas del trabajo tras pagar sumas astronómicas para la época, sino que también deja suponer incluso la existencia de una jerarquía dentro de la misma categoría, visto que de un total de treinta y una *kisaeng* exentas de trabajo, trece habían pagado treinta *liang*, una, cincuenta, y cuatro *kisaeng*, al parecer, habían tenido que pagar cien *liang*.

Las hijas de las *kisaeng* más bellas y más capacitadas eran seleccionadas para ser luego «educadas» en las artes del «entretenimiento». No existe una descripción detallada del currículum educativo que se les exigía, pero parece que se puede afirmar que, además de la función didáctica desempeñada por el *Kwansip Togam*, un despacho del Ministerio de los Ritos *(Yejo)*, responsabilizado de la preparación de los músicos encargados de tocar *hiangak* y *tangak* [6] en los banquetes privados, gran parte de la educación musical de estas mujeres había tenido ya lugar en precedentes canales no oficiales, cuando eran confiadas de niñas a la guía de las *ki* más ancianas, las consideradas *nogi* [7].

6. En la Corea tradicional existían tres tipos distintos de música: 1) *aak* (chino *yayue*, japonés *gagaku*), con el significado de «música elegante, refinada», entendida exclusivamente como música para los rituales confucianos; 2) *tangak*, lit: «Música de los Tang» (dinastía china que abarca de 618 a 907), pero el término coreano se refiere no solo a la música de los Tang, sino también a la de los Song, introducida en un periodo posterior durante la dinastía Koryŏ (918-1392); 3) *hyangak* o «música indígena local» referido a la música de origen coreano, la única que podía ser ejecutada por las *kisaeng*.

7. Las *nogi* eran las antiguas *kisaeng* que, una vez superados los treinta años, quedaban exentas de las obligaciones de entretenimiento, pero asumían

En una sociedad donde a las mujeres no se les pedía ser instruidas, donde incluso en las familias nobles las niñas solo aprendían a leer y escribir en chino clásico curioseando por detrás de las espaldas de sus hermanos, y donde la única escritura «concedida» a las mujeres era el más fácil y accesible alfabeto; las *kisaeng*, por el contrario, a pesar de su baja extracción social, tenían la posibilidad de acceder a los textos de chino clásico. De todos modos, nos parece evidente que en muchos casos fueron más allá de la simple preparación de base, dadas las continuas referencias a lugares, temáticas y simbolismos del gusto de la poesía china, que nos hacen pensar en una más atenta y profunda preparación. Los temas y las poéticas de la lírica coreana en chino clásico acababan correspondiendo casi completamente a los de la poesía china, los trabajos de Tao Yuanming, Li Bai (Li Po), Du Fu y Su Dongpo, «sirvieron como modelos de buena poesía en chino clásico»[8].

Un aspecto que vale la pena subrayar es la procedencia regional de las autoras, de las cuales dieciséis procedían o eran activas sobre todo en regiones septentrionales, que corresponden actualmente a la parte de la península al norte del paralelo 38. Por otra lado, la ciudad principal de procedencia de las escritoras es Pionyang, gran centro cultural donde había además una importante escuela para *kisaeng*. En la zona sur de la península, al contrario de lo que sucede en el norte, no se destaca una región particularmente privilegiada respecto a otra,

---

tareas didácticas a fin de que sus conocimientos pudieran transmitirse a las nuevas generaciones.

8. Kim Hunggyu, *Understanding Korean Literature*. New York & London: M. Sharpe, 1997, p. 77.

y parece que la distribución entre las regiones era más homogénea.

La razón principal de la preponderancia de Pionyang (y de la región de Pyongan) reside en el hecho de que se halla en la llamada Ruta del Norte *(Pungno)*, la ruta seguida por las embajadas hacia y desde China. Por ahí pasaban importantes funcionarios gubernativos coreanos y chinos: en dichas circunstancias acudían las mejores *kisaeng* para poder entretener a los diplomáticos, los altos burócratas y los ricos mercaderes, en sus veladas de descanso durante el viaje. Además, por su situación estratégica, Pionyang era un centro muy importante políticamente para la corte de Chosŏn, y ser gobernador de esta ciudad (y de toda la región) era una promoción considerable. Con frecuencia, tras el nombramiento para gobernador de la región de Pionyang, llegaban puestos prestigiosos en los ministerios de la capital.

4

Una primera aproximación visual a los textos contenidos en la presente antología revela también a los ojos del lector «no entendido» una diferencia evidente entre la producción de las composiciones *sijo*, poesías breves codificadas en un sistema de escritura mixta alfabético-ideográfica, y los *hansi*, poesías así llamadas en chino clásico, codificadas según un sistema de escritura enteramente ideográfico. La coexistencia de estos dos géneros literarios refleja a escala reducida, puesto que se limita a dos ejemplos de género poético, una situación presente en todo el corpus de la producción literaria coreana. La coexistencia de modalidades de codificación tan diferentes entre sí revela la dicotomía del desarrollo literario coreano, dejando al descubierto la complejidad del sistema de escritura existente en el país antes y después de la invención del alfabeto, en el siglo xv.

La llegada y el desarrollo de la escritura a Corea representan un aspecto significativo de la evolución histórico-cultural de este país, influyen directamente en el desarrollo histórico-literario y favorecen, como consecuencia, la evolución de dos formas de producción literaria, ambas presentes en esta antología: una producción en chino clásico y otra mixta: sinocoreano y escritura alfabética.

La primera forma de escritura que llega a la península coreana es, como ya se ha expuesto, la china, diseñada y construida bajo las exigencias expresivas de una lengua de tipo aislante perteneciente al grupo sinotibetano, mientras que la lengua coreana es de tipo aglutinante, pertenece al grupo altaico, y gira en torno a raíces nominales y verbales a las que se «unen» (de ahí la definición de «aglutinante») respectivamente posposiciones nominales y partículas y desinencias verbales invariables.

Muy poco queda de las experiencias de codificación hechas por los coreanos antes del siglo vii d. C. El testimonio escrito más antiguo, con carácter histórico pero también de gran interés lingüístico, sobre todo en lo tocante al desarrollo de la escritura y el uso de los caracteres chinos en el proceso de transcripción de la lengua coreana, es la famosa estela del rey Kwanggaet'o (r. 391-413) de Koguryŏ.

La estela, conocida como Kwanggaet'owang nŭnghi, se ha encontrado en las inmediaciones de la tumba real de Kungnaesŏng, situada en la actual República Democrática Popular de Corea, y cuenta la gesta del decimonoveno rey de Koguryŏ. Fechada el 414 d. C. con 1800 caracteres en chino, lo que atestigua la posición de monopolio asumida ya en esta época por la escritura del «País del Medio» (China) en la península coreana. Después de esta, se hicieron numerosas tentativas de transcripción mediante los caracteres chinos, como atestiguan de modo especial las estelas de piedra y las inscripciones de carácter conmemorativo en piedra y metal. De este período solo han llegado pocos y esporádicos testimonios escritos que puedan permitirnos captar más a fondo la evolución de la escritura en la península coreana. Habrá que esperar a 1446, es decir, poco más de mil años después de la aparición del primer testimonio escrito, para alcanzar la formulación oficial, con una introducción escrita por el propio rey Sejong, de un nuevo sistema de escritura alfabética que hoy conocemos con el nobre de *han'gŭl*, pero que en el siglo XV el rey Sejong había bautizado como *Hunmin chŏngŭm*, o sea «los sonidos justos para educar al pueblo».

En realidad, a pesar de la existencia del nuevo sistema de escritura, los caracteres chinos continuaron siendo usados mucho tiempo, hasta finales de 1800. Hubo que esperar al edicto imperial de 1894, con ocasión de la reforma *kabo*, para ver mencionada la obligación del uso del alfabeto como único sistema de escritura para los documentos oficiales. El poder y la autoridad de los que gozaba la escritura china eran tales que, hasta por la nomenclatura usada para identificar los dos sistemas de escritura, resulta clara la preferencia de los literatos por la escritura china. De hecho, mientras que para referirse a la escritura china se habla de *chinmun*, o sea «escritura verdadera, real», el alfabeto coreano se define como *ŏnmun*, «escritura común». Por lo demás, también los japoneses adoptaron una actitud similar respecto a los dos sistemas distintos de escritura que se desarrollaron en su país: el silábico japonés, *kana*, o sea, «escritura temporal, tomada en préstamo», mientras que la escritura china, *mana*, que, como en la definición coreana, significaba «escritura verdadera, real».

Hasta la mitad del siglo xv, pues, período en que los coreanos se dotan de un alfabeto propio, toda la producción literaria nacional está codificada solo y exclusivamente mediante el auxilio de los caracteres chinos.

Uso aquí el término «auxilio» para indicar dos tendencias paralelas que se desarrollaron en el ámbito de la codificación escrita en Corea. Por una parte se asiste a la producción de una literatura en chino clásico (*hanmun*), que ve la construcción de textos que responden *en todo* a las reglas sintácticas de la lengua china; por otra, se nota la presencia de varios intentos de transcribir textos pensados en lengua coreana. Propios de este periodo son textos donde se utilizan caracteres chinos, a veces por su valor fonético, a veces por el semántico, con el fin de traducir las partículas con funciones gramaticales tan abundantes y variadas en la lengua coreana.

No es por tanto exagerado afirmar que los coreanos vivieron, al menos durante un milenio, en una condición casi de bilingüismo, que por una parte vio la evolución de una literatura oral en lengua coreana y por otra la afirmación de una producción literaria en lengua *hanmun* o chino clásico más elitista.

Está producción está vinculada a la tradición neoconfuciana, una tradición estrechamente ligada a la clase dominante, la de los literatos.

En la Corea tradicional, formar parte de la clase de los literatos es un derecho que se adquiere con el nacimiento. Un literato debe estudiar los clásicos confucianos, que durante más de mil doscientos años representan el currículum formativo de base de toda la aristocracia y durante unos mil años la única manera de entrar a formar parte de los altos rangos de la burocracia del Estado, a través del sistema de exámenes. El número de textos que había que estudiar cambia con la época (primero son cinco, luego once, y al final trece), pero en esencia durante casi mil doscientos años la clase dominante coreana no se aparta de los dictados confucianos (o neoconfucianos) con las debidas distintas interpretaciones que en el curso de los años darán origen a numerosas luchas de facciones y también a sangrientas y violentas depuraciones.

Entre los textos más difundidos y estudiados por los literatos, encontramos el *Wen Xuan*, un texto chino de carácter antológico compilado por Xiao Tong en torno al siglo VI, que consiste en sesenta capítulos, treinta y cinco de los cuales dedicados a la poesía y a los distintos géneros poéticos. En Japón, el texto modelado siguiendo los pasos del *Wen Xuan*, se compuso en el año 1011 *(Honcho monzui)* y consiste en catorce capítulos, mientras que la versión coreana, inspirada en el *Wen Xuan*, el *Tongmunsŏn* (Selección literaria del Oriente), fue compilada por Sŏ Kŏjong entre 1478 y 1571, y contiene cerca de cuatro mil trabajos de más de cuatrocientos autores, estructurados en ciento cincuenta y seis capítulos. Una edición suplementaria en veintiún capítulos, titulada *Sok Tongmunsŏn*, apareció en 1518.

5

En Corea la poesía ocupa el puesto más importante en la jerarquía de los géneros literarios. Esto se puede deducir fácilmente de la atención que se le otorga en las antologías individuales *(Munjip)*.

Después del siglo XV, los autores coreanos escribieron transcripciones en ambas modalidades, ya en chino clásico, ya en alfabeto, pero por razones demasiado obvias, privilegiaron el uso de la primera, que proporcionaba mayor prestigio; de hecho, en las antologías póstumas de literatos conocidos, es raro encontrar textos en alfabeto en verso o en prosa. Y, si las había, eran añadidas como apéndices y no incluidas en el corpus principal de la compilación. En general, la producción en alfabeto (poética o en prosa) era considerada prerrogativa exclusiva de las mujeres y de autores pertenecientes a una clase social inferior.

En el ámbito de la producción poética coreana, la poesía escrita en chino clásico cae bajo la categoría de *«si»* (poesía en chino clásico, de carácter más individual, transmitida mediante la lectura de un texto escrito), mientras que la escrita en lengua vernácula, la de origen coreano, se define como *«ka»* (canto, canción), o con otros dos signos afines *«yo»* (canto, canción) o bien *«cho»* (armonizar), caracteres que parecen subrayar principalmente la forma típica de ejecución, es decir, del acompañamiento musical para todas las poesías referidas con estos tres últimos caracteres, y, como sugiere también el nombre, la forma más vinculada a una tradición de transmisión oral. En los textos propuestos en esta antología, la distinción entre poesía *si* (la que expresa, «lo que el ánimo contiene»), y poesía *ka* (la que, a través del canto, «se convierte en eterna») se hace evidente incluso para el lector menos atento.

A partir del siglo XV, pues, la literatura coreana (y la poesía en particular) se desarrolla en dos frentes paralelos: el del chino clásico y el coreano. Para el primer grupo, estamos en presencia de una gran abundancia y variedad de textos, que comprenden también las llamadas *hansi*, o sea, poesías en chino clásico, como las recogidas en la segunda parte de esta antología, mientras que el género *sijo* nace ya en época tardía Koryŏ, pero se desarrolla durante la dinastía siguiente y llega a representar, como escribe Riotto:

> las exteriorizaciones sentimentales del poeta frente a la situación del tiempo … la toma de conciencia de un momento feliz o amargo, la complejidad de las relaciones humanas de una victoria política o de una derrota[9].

La producción de *sijo,* como atestiguan las numerosas fuentes chinas, florece ya en época prealfabética, pero es solo hacia la primera mitad del siglo XVIII cuando se asiste a una intensa actividad de recoger y codificar en alfabeto este vasto patrimonio poético: de hecho, en este período, comienzan a compilarse antologías de poesía en lengua vernácula transcritas en alfabeto.

La primera colección de este género se remonta a 1728, durante el reinado de Yŏngjo (1724-1776), se

9. Maurizio Riotto, *Storia della letteratura coreana,* p. 171.

titula *Ch'ŏnggu yŏngŏn* (Versos inmortales de Corea) y representa el punto de partida de una larga serie de experimentos semejantes, gracias a los cuales miles de *sijo* han llegado hasta nuestros días. Los soberanos del último periodo Chosŏn, sobre todo Yŏngjo, bajo cuyo reinado se considera que el género *sijo* se desarrolló alcanzando sus máximos niveles expresivos lingüísticos y musicales.

En realidad, además del amor del soberano por las letras y las artes, la suerte del género *sijo* en este periodo puede acaso explicarse mejor como una consecuencia de las profundas transformaciones sociales que Corea experimentó en dichos años, tras la debilitación del rígido sistema de castas que había regulado estrictamente las relaciones entre las capas sociales hasta entonces, cuando música y poesía eran patrimonio casi exclusivo de los aristócratas. Ahora se difunden también entre las clases medias gracias a la invención del alfabeto.

En torno al siglo XVIII empiezan a aparecer grupos de músicos cultos (no profesionales) que se autodefinen como *kagaek*, o sea, «huéspedes cantantes» si cantan, y *kŭmgaek,* o sea, «huéspedes que ejecutan música» si tocan el *kŏmun'go*[10] durante los banquetes de la clase media-alta. Pronto aumenta la petición de espectáculos musicales hasta tal punto que se hace necesaria la formación de *kagaek* y *kŭmgaek* profesionales, dispuestos a emprender la carrera musical para su sustento. En realidad, los prejuicios de la sociedad coreana tradicional cara a los músicos, y en general a los artistas, hacen que estos sean considerados ciudadanos de segunda categoría, pero los

10. Instrumento de siete cuerdas muy difundido en aquel período, esencial para la ejecución de la música coreana tradicional.

músicos de la clase media logran, con todo, demostrar totalmente su profesionalidad.

> Con la publicación de sus cantos en forma de libros, ampliaron sus ambiciones culturales y comenzaron a realizar espectáculos basados en la ejecución de grupos de cantantes que mejoraban sus prestaciones[11].

Este proceso llevó, como explica Song, al predominio de los *kagaek* sobre los *kŭmgaek:* Kim Ch'ŏnt'aek, Kim Sujang y An Minyong, o sea, los autores de las tres colecciones más importantes de *sijo* del siglo XVIII, pertenecen, de hecho, a la categoría de *kagaek*; y son tres de los numerosos músicos de máximo nivel que Corea vio nacer en la segunda mitad del periodo Chosŏn.

La poesía en lengua vernácula en Corea corre una suerte distinta que en Japón. Mientras en Japón, de hecho, la misma corte se hace portavoz y paladín de una producción poética en lengua nacional y no en chino clásico, en Corea la situación es muy otra. El prestigio del que goza la escritura china tiene raíces profundas en el mantenimiento del *statu quo* de la clase dominante coreana.

La escritura en chino clásico ha permanecido por muchos siglos estrechamente unida a la ideología dominante, convirtiéndose en instrumento fundamental de su mantenimiento, «instrumento de dominio de clase, de legitimación del poder y de mistificación social».

La seducción de la escritura china (y el poder unido a ella) disminuye en Corea a finales del siglo XIX:

> La ideología confuciana utilizada para legi-

---

11. Song Hyejin, *A Stroll through Korean Music History*, p. 127-128.

> timar el ejercicio del poder por parte de los soberanos de la dinastía Chosŏn se demostró inadecuada para proporcionar respuesta válida a las sublevaciones populares de finales del siglo XIX y comienzos del XX, cuando Corea cayó bajo dominio colonial japonés. El legado de la doctrina confuciana empezó a ser criticado simplemente porque la dinastía Chosŏn, que había basado su propia legitimidad en la filosofía confuciana, se había desplomado a finales del siglo XIX. Bajo la opresión colonial japonesa, el intento de afirmación de la identidad cultural y del orgullo coreano se basó en la premisa de que solo la literatura escrita en alfabeto era digna de ser considerada literatura coreana auténtica[12].

En la estela de las profundas transformaciones sucedidas en Corea hacia el final del siglo XIX, y tras la pérdida de prestigio de la cultura de influencia china, el género poético en chino clásico sufrió un declinar gradual hasta desaparecer, mientras esto no sucedió con el género *sijo*, que continuó con éxito entre los autores y conoció momentos de gran popularidad unidos siempre a la alfabetización. Todavía hoy existen grupos de poetas que se deleitan en la composición de *sijo*, pero el binomio verso/música ya no existe en los *sijo* contemporáneos, parecen haberse transformado en un mero ejercicio de estilo sin los contenidos que pudieran elevarlos a los altos niveles conocidos en el pasado.

Tal vez porque ya no hay «el canto que hace perenne a la palabra»[13].

---

12. Kim Hunggyu, *op. cit.*, p. 10.
13. Cita del *Clásico de los Documentos*, Canon de Shun. Cfr. cita de apertura.

PRIMERA PARTE

SIJO

Las notas que aparecen en los poemas, a diferencia de la Introducción, van al final del libro.

鐵을鐵이라커든무쇠錫鐵만여겻더니
다시보니鄭澈일시的實ᄒᆞ다
맛츰ᄋᆡ골플모잇더니녹여볼가ᄒᆞ노라

Chinok[1]

[Metal, me han dicho]

Metal, me han dicho.
He pensado que se trataba de un metal ordinario.
Bien mirado, está claro
que se trata de un metal excelente.
Tengo un horno, estoy pensando en intentar fundirlo.

山村에밤이드니먼듸ᄀᆡ즈져온다
柴扉를열고보니하늘이ᄎᆞ고달이로다져
ᄀᆡ야空山잠든달을즈져무슴ᄒᆞ리오

Ch'ŏn'gŭm[2]

[Ha descendido la noche al solitario pueblo de montaña]

Ha descendido la noche al solitario pueblo de montaña.
Oigo un perro ladrar en la lejanía.
Abro la puertecilla de madera,
el cielo frío y la luna.
Dime, ¿por qué nunca ladras
a la silenciosa luna sobre los montes desiertos?

오늘은ᄎᆞᆫ비맛자신이녹아잘ᄶᅡᄒᆞ노라
鴛鴦枕翡翠衾을어듸두고어러자리
어이어러자리므스일어러잘이

Hanu[3]

[¿Qué dices... dormir y congelarse?]

¿Qué dices… dormir y congelarse?
¿Por qué tendrías que congelarte?
¿Dónde están las mullidas capas de seda recamada
si duermes en el frío?
Hoy has dado con la Fría Lluvia,
¡intenta dormir en el calor que te derrite!

엇더타우리의님은가고아니오ᄂᆞᆫ고
有信ᄒᆞᆫ白鳩ᄂᆞᆫ오락가락ᄒᆞ것마ᄂᆞᆫ
寒松亭ᄃᆞᆯᄇᆞᆰ은밤의景瀑臺에물껼潺潺

Hongjang[4]

[En el Pabellón del Pino de Invierno[5]]

En el Pabellón del Pino de Invierno
en una noche de luna llena
cuando las olas se suavizan
contra la colina de la Cascada Esplendorosa,
las blancas y fieles gaviotas van y vienen.
¿Cómo, pues, mi amado ha partido y no regresa?

밤비예새닙곳나거든날인가도너기쇼셔

자시ᄂᆞᆫ窓밧긔심거두고보쇼셔

묏버들갈ᄒᆡ것거보내노라님의손ᄃᆡ

Hongnang[6]

[Quiero coger del sauce las más bellas ramas]

Quiero coger del sauce las más bellas ramas
y enviarlas a mi hermoso amado
para que las plante ante su ventana y las mire.
Las mire como si fueran yo,
cuando nuevos brotes
nazcan tras la sutil lluvia de la tarde.

青山裡碧溪水야수이감을ᄌᆞ랑마라
一到滄海ᄒᆞ면다시오기어려오니
明月이滿空山ᄒᆞ니쉬여간들엇더리

Hwang Chini[7]

[Agua transparente y tersa[8]]

Agua transparente y tersa que corres entre verdes montes
no te envanezcas de descender a toda prisa.
Cuando te hayas unido al inmenso mar azul,
no te permitirá regresar.
Llena resplandece la luna, colma vacías montañas.
¿Qué dirías de descansar un poco antes de seguir tu camino?

어뎌ᄂᆡ일이여그릴줄을모로던가
이시라ᄒᆞ더면가랴마ᄂᆞᆫ제구ᄐᆡ야
보ᄂᆡ고그리ᄂᆞᆫ情은나도몰나ᄒᆞ노라

Hwang Chini

[¡Qué he hecho![9]]

¡Qué he hecho!
¿No sabía que me faltaría?
Si le hubiera pedido que se quedara,
tal vez habría permanecido.
Yo misma le he hecho partir
y ahora no entiendo por qué me faltas.

人傑도물과ᄀᆞᆺ도다가고아니오ᄂᆞᆫᄯᅩ다
晝夜에흐르거든녯물이이실소냐
山은녯山이로ᄃᆡ물은녯물아니로다

Hwang Chini

[Los montes permanecen inmutables [10]*]*

Los montes permanecen inmutables,
el agua no es la de siempre.
El día y la noche se suceden.
¿Cómo puede el agua ser siempre igual?
También los grandes hombres son como el agua,
se van para nunca regresar.

秋風에 지는 닙소ᄅᆡ야 ᄂᆡ 들어 니ᄒᆞ리오
月沈三更에 온 ᄯᅳᆺ지 젼혀 업ᄂᆡ
ᄂᆡ 언ᄌᆡ 無信ᄒᆞ여 님을 언ᄌᆡ 속엿관ᄃᆡ

Hwang Chini

[¿Cuándo traicioné tu confianza?[11]*]*

¿Cuándo traicioné tu confianza?
¿Cuándo traicioné mi amor?
La luna está a punto de partir al corazón de la noche,
no parece haber señal de ti.
Caen las hojas con el viento de otoño:
¿cómo soportar su canto?

綠水도青山을못니져우러예어가는고
綠水흘너간들青山이냐變홀손가
青山은내뜻이오綠水는님의情이

Hwang Chini

[Verdes montañas mi deseo [12]*]*

Verdes montañas mi deseo,
agua límpida el amor del amado.
El agua clara fluye,
¿cómo podría cambiar el verde monte?
Tampoco él podrá olvidarme nunca.
Resuena un llanto mientras se aleja.

冬至ㅅ돌기나긴밤을한허리를버혀내여
春風니불아레서리서리너헛다가
어론님오신날밤이여든구뷔구뷔펴리라

Hwang Chini

[Quiero cortar las horas más profundas[13]*]*

Quiero cortar las horas más profundas
de la noche, la más larga del año,
aprisionarlas todas bajo una colcha
tibia como el viento de primavera.
Soltarlas luego, una a una,
la noche que él venga.

ᄭᅮᆷ ᄭᆡ야 다시금 生覺ᄒᆞ니 눈물계워ᄒᆞ노라
千里 ᄭᅮᆷ속에 千里님 보거고나
千里에 맛나ᄯᆞ가 千里에 離別ᄒᆞ니

Kang Kangwŏl[14]

[Te encuentro a mil li [15]*]*

Te encuentro a mil *li*
me separo de ti a mil *li,*
en el sueño lejano mil *li,*
¡seguro que encontraré el amor de los mil *li*!
Me despierto del sueño, pienso aún en ti,
no puedo retener las lágrimas.

窓밧긔굵은비소릐에더욱茫然ᄒᆞ여라
殘燈도도혀고輾轉不寐ᄒᆞᄂᆞᆫᄎᆞ에
기러기우ᄂᆞᆫ밤에ᄂᆡᄒᆞᆯ노ᄌᆞᆷ이업셔

Kang Kangwŏl

[No tengo sueño, sola, durante la noche]

No tengo sueño, sola, durante la noche
cuando lloran los patos silvestres.
Reavivo la lumbre casi extinta,
no tiene paz mi sueño.
En el fragor de la lluvia, fuera,
¡aún me pierdo más!

두어라緣分이未盡ᄒᆞ면다시볼가ᄒᆞ노라
北天霜雁이언의ᄶᅥ여도라올고
時時生覺ᄒᆞ니눈물이몃줄기요

Kang Kangwŏl

[Cuántas lágrimas he derramado]

Cuántas lágrimas he derramado
cada vez que mi pensamiento se ha vuelto hacia ti.
¿Cuándo regresará
el ánade de otoño que voló hacia el cielo del norte?
¡Sea lo que sea!
¡Si los astros lo quieren volveremos a vernos!

長松으로 ᄇᆡ를 무어 大同江에 흘니 ᄯᅴ여

柳一枝 휘여다가 구지구지 ᄆᆡ야시니

어듸셔 妄伶에 거슨 소헤 들나 ᄒᆞᄂᆞ니

KUJI[16]

[Con un gran pino construyes una barca[17]]

Con un gran pino construyes una barca
y navegas por el río Taedong[18].
Tuerce hacia Rama del Sauce,
testaruda, obstinada, y permaneces ahí.
¿Por qué nunca quieres entrar en el breve pantano?

아마도心中眼前愁는나뿐인가ᄒᆞ노라
雪月이滿庭ᄒᆞ여님의곳빗취려니
碧天鴻鴈聲에窓을열고ᄂᆡ다보니

Kŭmhong[19]

Abro la ventana al grito de un ánade en vuelo en el cielo de jade[20]]

bro la ventana al grito de un ánade en vuelo en el cielo de jade,
luna de invierno brilla luciente en el patio.
hora iluminará el lugar donde está mi amado.
Me pregunto si soy yo sola
uien tiene estas preocupaciones en medio del corazón.

千理에외로온ᄭᅮᆷ은오락가락ᄒᆞᆫ다
秋風落葉에져도날生覺ᄂᆞᆫ가
梨花雨흣ᄲᅮ릴제울며ᄌᆞᆸ고離別ᄒᆞᆫ님

Kyerang[21]

[Tú, que has partido[22]]

Tú, que has partido,
he intentado detener el tiempo llorando,
caen como lluvia los pétalos del peral.
¿Acaso también tú piensas en mí
ahora que el viento de otoño se lleva las hojas?
El sueño de soledad lejano mil *lí* va y viene.

알고도못막을길히니그를슬허ᄒᆞ노라
오고가는길을아던들막을낫다
靑春은언제가면白髮은언제온고

Kyesŏm[23]

[Cuándo parte la juventud[24]]

¿Cuándo parte la juventud,
cuando llegan los cabellos blancos?
Si hubieras conocido el camino de ir y venir
lo habrías bloqueado.
Conociéndolo, no puede ser detenido ese camino.
Esto me entristece.

꿈이야꿈이언마ᄂᆞᆫᄌᆞ로ᄌᆞ로뵈여라
탐탐이그리온제꿈아니면어이ᄒᆞ리
꿈에뵈ᄂᆞᆫ님이因緣업다ᄒᆞ건마ᄂᆞᆫ

Maehwa[25]

[Con el amado hallado en sueños]

Con el amado hallado en sueños
no tienes esperanza, dicen:
cuando el deseo crece,
si no es en sueños, ¿cómo hacer?
El sueño será solo un sueño,
pero ven con frecuencia para que te vea.

春雪이亂紛紛ᄒᆞ니필ᄯᅩᆼ말ᄯᅩᆼᄒᆞ여라
녜픠던柯枝에픠엄즉ᄒᆞ다마ᄂᆞᆫ
梅花넷등걸에春節이도라오니

Maehwa

[Ha vuelto la primavera[26]*]*

Ha vuelto la primavera
al viejo nudoso tronco del ciruelo.
Podrían volver a florecer
las ramas ayer en flor.
Pero intimidadas por las rachas de la última nieve
no saben qué hacer.

그졔야알들이글리는쥴짐직이나
月紗窓錦繡帳에님계신곳傳ᄒᆞ고져
心中에無限事을細細히옴겨다가

Maehwa de Chinju

[He sepultado en lo hondo de mi corazón]

He sepultado en lo hondo de mi corazón
los recuerdos sin fin.
Desde mi habitación de muchacha
deseo enviárselos a él con el pensamiento.
Solo así logrará acaso comprender
lo que ahora experimento yo.

두어라알들헌이心情을님이어이
時時로相思心은지기ᄒᆞ는타시로다
平生의밋을님을글려무삼病들손가

Maehwa de Chinju

[Qué enfermedad me podría asaltar]

¿Qué enfermedad me podría asaltar
si lo amase para toda la vida?
Sorprenderme muchas veces pensándolo
me lo ha hecho entender.
¡No importa! ¿Cómo podría tu amado
conocer estos tiernos sentimientos?

하물며몃몃날을이ᄃᆡ도록
一時相逢글리워도斷腸心懷어렵거든
살들헌ᄂᆡ마음과알들헌님의정을

Maehwa

[Mi corazón es prudente]

Mi corazón es prudente,
consolador el amor del amado.
El encuentro de una sola vez
es ya difícil para este roto corazón.
¿Qué haré los numerosos días que vendrán?

이다삼겻스니날필인들업스랴
하늘아래너ᄲᅳᆫ이면아마내야ᄒᆞ려니와하늘
오냐말아니ᄯᅡ나실켜니아니말랴

Munhyang[27]

[No me dices: «Quédate»]

No me dices: «Quédate».
Pero tampoco me dices: «Basta».
Si fueras el único bajo el cielo,
tal vez también seguiría viéndote.
Pero el cielo tiene para todos un amor.
¿Quieres acaso que para mí no haya uno?

아ᄆᆡ도졍쥬고병엇기난나ᄲᅮᆫ인가
평ᄉᆡᆼ의쳐음이요다시못볼님이로다
뉘라샤졍됴타ᄒᆞ던고이별의도인졍인가

Oksŏn[28]

[Quién me ha dicho que el amor es una buena cosa]

¿Quién me ha dicho que el amor es una buena cosa
y que incluso la separación es un sentimiento humano?
En toda mi vida es la primera vez
y la última que lo veré.
¿Seré acaso la única
en haber dado amor y recibido afanes?

저설띠歷歷히모르는武夫를어이조츠리
通古今達事理ᄒᆞ는明哲士를엇덧타고
唐虞를어제본듯漢唐宋오늘본듯

So Ch'unp'ung[29]

[Ayer vimos a Yao y a Shun[30]]

Ayer vimos a Yao y a Shun[31].
Hoy a los Han, los Tang, los Song.
¿Qué decir de los sabios
que a través del pasado comprenden el hoy?
¿Cómo seguir a los guerreros
que no saben comprender esto con claridad?

두어라 赳赳武夫를 아니 좃고 어이라
文武一體ᅵᆫ 쥴 나도 暫間 아옵거니
前言은 戱之耳라 ᄂᆡ 말ᄉᆞᆷ 허물 마오

So Ch'unp'ung

[Todo lo que dije antes es solo una broma]

Todo lo que dije antes es solo una broma,
no me echéis en cara mis palabras.
También yo sé bien
hasta qué punto literatos y militares son una sola cosa.
¡Calma! ¿Cómo no seguir a los valientes hombres de armas?

두어라何事非君가事齊事楚ᄒᆞ리라
됴고만滕國이間於齊楚ᄒᆞ여시니
齊도大國이오楚도亦大國이라

So Ch'unp'ung

[Del mismo modo que Qi es un gran país]

Del mismo modo que Qi es un gran país, también Chu lo es.
Se halla en medio del pequeño país de Teng.
¡Calma! ¿Cómo servir al que no es rey?
Está bien que sirva, ya sea a Qi o a Chu[32].

밤마다燈下에홀노안저눈물계워ᄒᆞ노라
窓밧긔櫻桃花가몃번이나픠엿ᄂᆞᆫ고
님이가신後에消息頓絶ᄒᆞ니

Song Taech'un[33]

[Tras la partida del amado]

Tras la partida del amado
se interrumpieron las noticias.
El cerezo de más allá de la ventana,
¿cuántas veces habrá florecido?
Me siento cada noche sola bajo la lámpara
y no retengo las lágrimas.

잇다감梅花春色에興을계워ᄒᆞ노라
銀河月에즘간쉬여松臺에올나안져
漢陽셔ᄯᅥ온나뷔百花叢에들거고나

Song taech'un

[La mariposa que se ha ido volando de Hanyang]

La mariposa que se ha ido volando de Hanyang
se posa en todas las flores que encuentra.
Por un rato descansa en la Vía Láctea
o bien asciende a lo alto de los pinos y allí se queda.
A veces no resiste el hechizo del ciruelo en primavera.

各別이 긴 줄은 모로ᄃᆡ ᄭᅳᆺ간듸를 몰ᄂᆡ라
길더냐 져르더냐 발일넌냐 ᄌᆞ힐너냐
思郞이 엇ᄯᅧ터니 둥고더냐 모지더냐

Songi[34]

[Pino, pino, me llamáis…[35]]

Pino, pino, me llamáis… ¿Pero sabéis qué pino soy?
Un pino fuerte y majestuoso, esto es lo que soy,
en lo alto de un precipicio sin fin.
¿Pensáis acaso lastimarme, vosotros, leñadores de ahí abajo,
con esas inútiles hoces vuestras?

閣氏ᄂᆡ一時花容을앗겨무슴ᄒᆞ리오
解語花楊貴妃도驛路에ᄇᆞ렷ᄂᆞ니
玉ᄀᆞᆺᄐᆞᆫ漢宮女도胡地에塵土되고

Songi

[También la dama de la corte Han, semejante al jade]

También la dama de la corte Han, semejante al jade,
se tornó polvo en Mongolia.
Hasta la concubina Yang[36]
fue olvidada en un camino de montaña.
¿Por qué, pues, conservar la efímera belleza
del rostro de una muchacha?

各別이긴줄은모로ᄃᆡ슷간듸를몰ᄂᆡ라
길더냐져르더냐발일넌냐ᄌᆞ힐너냐
思郞이엇ᄯᅥ터니둥고더냐모지더냐

Songi

[¿Cómo será el amor[37]?]

¿Cómo será el amor? ¿Redondo o cuadrado?
¿Largo o corto? ¿Se podrá medir?
No conozco su longitud,
pero todavía no veo su fin.

오늘은님오신날이니아니우다엇더리
半夜秦關에孟嘗君아니로다
ᄃᆞᆰ아우지마라일우노라ᄌᆞ랑마라

Songi

[Gallo, no cantes[38]*]*

Gallo, no cantes,
no te envanezcas de cantar temprano,
no eres el príncipe Maeng Chang de Qi[39].
Hoy viene mi amado,
¿qué dirías de no cantar nada?

織女의寸만ᄒᆞᆫ肝腸이봄눈스듯ᄒᆞ여라
쇼잇근仙郞이못거너오단말가
銀河에물이지니烏鵲橋ᄯᅳ단말가

Songi

[El río de Plata está de crecida [40]]

El Río de Plata está de crecida, se habrá desbordado:
¿Se habrá inundado el Puente de Urracas y Cuervos?
¿Quiere esto decir acaso que el Espíritu Celeste que lleva los bueyes
no podrá cruzarlo?
El frágil ánimo de Chingnyŏ
se funde como nieve en primavera [41].

이리ᄒᆞ야날속이고져리ᄒᆞ야날속이니
怨讐이님을이졈즉ᄒᆞ다마는
前前에言約이重ᄒᆞ니못이즐가ᄒᆞ노라

Songi

[De este modo me engañas]

De este modo me engañas
del otro también me engañas.
La enemistad
hace olvidar este amor.
Las promesas hechas en voz alta hace tiempo son importantes,
tal vez no podré olvidarlas.

金樽에 月光明ᄒᆞ니 李白본듯ᄒᆞ여라
竹葉에 風動ᄒᆞ니 楚漢이 셧도ᄂᆞᆫ듯
梧桐에 雨滴ᄒᆞ니 五絃을 잉ᄋᆡᄂᆞᆫ듯

Songi

[Las gotas de lluvia en las hojas de la paulonia]

Las gotas de lluvia en las hojas de la paulonia
parecen tocar la cítara de cinco cuerdas.
El viento entre las ramas de los bambúes
parece confundirse en los recuerdos de Chu y Han.
En la embriaguez[42], la luna se hace brillante y esplendorosa.
Casi me parece ver a Li Po[43].

그님도님ᄃᆞᆫ님이니生覺ᄒᆞᆯ줄이이시가
輾轉不寐ᄒᆞ고님ᄃᆞᆫ님을生覺ᄂᆞᆫ고
남은다ᄌᆞᄂᆞᆫ밤의ᄂᆡ어이ᄒᆞᆯ노안자

Songi

[En la noche en que todos duermen]

En la noche en que todos duermen, yo estoy sola,
doy vueltas y vueltas despierta en el lecho.
Pienso en el amado
que ha abandonado a la amada.
Me pregunto: ¿también el amado, al que la amada ha abandonado
sabrá pensar esto?

一生에이思郞가지고괴야슬녀ᄒᆞ노라

우리두思郞에힝혀雜思郞셧길세라

내思郞남쥬지말고남의思郞탐치마라

Songi

[No des mi amor a otras]

No des mi amor a otras,
no aceptes amor de otras.
Tengo miedo de que confundas nuestro amor
con otro no puro.
¡Quiero vivir toda la vida con este amor!

아마도 ᄎᆞᆷ고 ᄎᆞᆷ다가 兩失ᄒᆞᆯ가 ᄒᆞ노라
西施ㅣ들 關係ᄒᆞ며 千日酒ㅣ들 마실소냐
酒色을 삼간 後에 一定百年 살쟉시면

Songi

[Te abstienes de vino y mujeres]

Te abstienes de vino y mujeres
con la esperanza de una larga vida,
pero si te encuentras a la bella de Occidente[44]
estarías dispuesto a beber el vino de mil días[45].
Tal vez, por pensártelo demasiado,
acabarás perdiendo lo uno y lo otro.

엇더타우리의思郞은가고아니오ᄂᆞ니
져들의思郞은節節이오건마ᄂᆞᆫ
곳보고춤추ᄂᆞᆫ나뷔와나뷔보고당싯웃ᄂᆞᆫ곳과

Songi

[Una mariposa baila contemplando una flor]

Una mariposa baila contemplando una flor,
la flor, sonriendo, mira a la mariposa.
Su amor
renace en cada estación.
¿Por qué mi amor
se ha ido y no regresa?

두어라번우ᄒᆞᆫ님이니ᄉᆡ와무슴ᄒᆞ리오
十洲佳期ᄂᆞᆫ虛浪타ᄒᆞ리로다
北斗星기우러지고五更五點ᄌᆞᄌᆞ간다

Tabok[46]

[Las estrellas de la Osa se van amortiguando[47]]

Las estrellas de la Osa se van amortiguando
y las últimas horas de la noche se alejan a toda prisa.
Casi no crees ya en los días del primer amor,
en la Isla de los Inmortales.
¿Por qué estar celosa?
Que tenga pues las amigas que quiera.

이端粧님을못뵈니그를슬허ᄒᆞ노라
허믈며端粧ᄒᆞ고님의얇ᄒᆡ뵐적이랴
거울에빗쵠얼굴ᄂᆡ보기에ᄭᅩᆺ것거든

Anónimo

[El rostro que veo reflejado en el espejo]

El rostro que veo reflejado en el espejo
se parece a una flor.
Después del maquillaje, frente al amado,
lo será aún más.
No podré enseñar al amado este rostro maquillado
y eso me entristece.

닙우희구슬만담겨눈믈듯ᄃᆞᆺᄒᆞ더라
님보라가던쑴이못보고ᄭᆡ돗던고
蓮못싀비오는소릐긔무어시놀랍관ᄃᆡ

Anónimo

[Me sorprende el rumor de la lluvia]

Me sorprende el rumor de la lluvia
en el estanque de las flores de loto.
En sueños iba a ver a mi amado,
me he despertado sin encontrarlo.
Sobre las hojas, como si fueran perlas,
parecían caer mis lágrimas.

져님아ᄒᆞᆫ말씀만ᄒᆞ소라死生決斷ᄒᆞ리라
죽어넛기도얼엽ᄭᅩ살아글의기도얼여왜라
죽어니저야ᄒᆞ랴살아글여야ᄒᆞ랴

Anónimo

[Morir y olvidar]

¿Morir y olvidar
o vivir en la nostalgia?
Morir y olvidar es difícil,
tanto como vivir en la nostalgia.
Oh amado mío, solo una palabra tuya,
y viviré o moriré.

千里에외로운꿈만오락가락ᄒᆞ노라
玉帳깁픈곳에쟈는님ᄉᆡᆼ각는고
남은다쟈는밤에ᄂᆡ어이ᄒᆞᆯ로ᄶᅵ야

Anónimo

[En la noche en que todos duermen]

En la noche en que todos duermen,
¿por qué solo yo estoy en vela?
En lo profundo de mis aposentos de mujer,
¿por qué nunca pienso en el amado que duerme?
A mil *li* [48],
solo el sueño de nostalgia va y viene.

平生에ᄂᆡ설워ᄒᆞ던줄을돌녀볼가ᄒᆞ노라
ᄂᆡ너그려긋던ᄋᆡ를너도날그려긋쳐보렴
우리두리後生ᄒᆞ여네나되고ᄂᆡ너되야

Anónimo

[Nosotros dos en la próxima vida]

Nosotros dos en la próxima vida
seremos tú yo, y yo tú.
También tú sentirás el mismo dolor
que yo he sentido por ti.
Quiero restituirte
los sufrimientos de toda una vida.

오거나가거나ᄒᆞ면이대도록그리랴
물은간다마는나는어이못가는고
비는온다마는님은어이못오는고

Anónimo

[Si puede venir la lluvia]

Si puede venir la lluvia,
¿por qué el amado no?
Si el agua puede partir fluyendo,
¿por qué yo no?
Que él venga o yo vaya,
al menos no viviría de nostalgia.

痕跡이 이내 업스니 그를 설워하노라
十年後 오신 임을 구슬城에 안치련만
눈물이 眞珠라면 흐르지 안케 싸두엇다가

Anónimo

[Si las lágrimas fueran perlas]

Si las lágrimas fueran perlas
les prohibiría escapar, las acumularía,
y diez años después, pediría a mi amado
se acomodara en el castillo de las perlas.
No hay huella de él ahora,
lo recuerdo con nostalgia.

이後에다시못ᄂᆞ면緣分인가ᄒᆞ노라
平生에처음이오다시못어더볼님이로다
ᄉᆞ랑인들님마다ᄒᆞ며離別인들다셜우랴

Anónimo

[Por cada amante no hay un amado]

Por cada amante no hay un amado,
pero toda separación comporta dolor.
He amado por primera vez
y no lo podré volver a ver.
Si en el futuro volviera a encontrarlo,
me preguntaré si no lo han querido los astros.

그립고아수은적이면힝여권가ᄒᆞ노라
曳履聲아닌줄을判然히알건마ᄂᆞᆫ
雪月이滿窓ᄒᆞᆫ듸ᄇᆞᄅᆞᆷ아부지마라

Anónimo

[Deja de soplar, oh viento de nieve]

Deja de soplar, oh viento de nieve
bajo mi ventana iluminada diariamente por la luna.
Sé bien que no eres
el rumor de sus pasos en la nieve.
Me consumo, sufro, déjame hacer,
quiero esperar que sea él.

SEGUNDA PARTE

HANSI

歌贈南止亭袞

富貴功名且可休
有山有水足遨遊
與君共臥一間屋
秋風明月成白頭

Choun[49]

Canto para Nam Kon

Antes deshacerse de riquezas, títulos, deberes y fama
y entre montes y ríos avanzar en el viaje,
yacer contigo en la misma casa
y envejecer contigo bajo la luna esplendorosa en el viento
de otoño.

懷人

相會鄜花發
相離白雪深
黃花與白雪
應識兩人心

Ch'oun[50]

Recordando al amado

Cuando nos encontramos se abrían los crisantemos,
cuando nos separamos la cándida nieve era alta.
Los crisantemos amarillos y la cándida nieve
imaginan y comprenden nuestras dos almas.

蒼巖亭

移棹滄江口
驚人宿鳥翻
山紅秋有迹
沙白月無痕

Ch'uhyang[51]

En el pabellón Changam

Rumor de remos en el tranquilo estuario:
sorprendida, la soñolienta garza nocturna se va volando.
Encendidos están los montes, por el rojo color otoñal.
La arena clara, sin sombras de la luna.

江村春景

千絲萬縷柳垂門
綠暗如煙不見邨
忽有牧童吹笛過
一江煙雨自黃昏

Chukhyang[52]

Paisaje de primavera

Mil, diez mil hilos de sauce cuelgan sobre la puerta.
El verde oscuro es tal nube; el pueblo no se distingue.
De pronto pasa un pastorcillo tocando la flauta,
el crepúsculo se refleja en el río, cruzando una capa de
fina lluvia.

相思夢

相思相見只憑夢
儂訪歡時歡訪儂
願使遙遙他夜夢
一時同作路中逢

Hwang chini[53]

El sueño del amor recíproco

Amarnos y vernos es posible solo en sueño.
Cuando feliz voy a tu encuentro, la felicidad viene a mi
encuentro.
Cómo quisiera que lejos, en el sueño de otra noche,
en el mismo momento, nos encontráramos en aquel camino.

詠半月

誰斲崑山玉
裁成織女梳
牽牛離別後
愁擲碧空虛

Hwang chini

La media luna

¿Quién habrá excavado el jade de los montes Kunlun[54]
para hacer un peine como regalo a Chingnyŏ[55]?
Tras su separación de Kyŏnu,
desesperada lo ha arrojado al vacío del cielo azul.

小栢舟

汎彼中流小栢舟
幾年閑繫碧波頭
後人若問誰先渡
文武兼全萬戶侯

Hwang chini

La pequeña barca

Flota la pequeña barca en medio del río
tras haber cabalgado por un rato las azules olas.
Si me preguntaran: ¿quién ha cruzado primero?
El que posee ambas artes: las letras y las armas.

送別蘇判書世讓

月下庭梧盡
霜中野菊黃
樓高天一尺
人醉酒千觴
流水和琴冷
梅花入笛香
明朝相別後
情與碧波長

Hwang chini

Separándome de So Seyang[56]

A la luz de la luna caen las hojas de la paulonia en el jardín.
Entre la escarcha crecen silvestres crisantemos amarillos.
Desde el alto pabellón me parece tocar el cielo.
La gente está ebria, tras mil vasos de vino.
El deslizarse del agua, gélida, está en sintonía con las notas del laúd.
Fragantes, las flores de ciruelo se impregnan de la melodía de la flauta.
Al alba luminosa, la separación, pero
este amor como ondas azules es para siempre.

松都

雪中前朝色
寒鍾故國聲
南樓愁獨立
殘廓暮烟香

Hwang chini

Songdo

En la nieve, el recuerdo de la dinastía precedente[57].
La fría campana, sonido de la antigua aldea.
En el pabellón meridional, estoy sola con mis penas.
De las grandes ruinas, de noche, olor a humo.

春愁

長堤春草色凄凄
舊客還來思欲迷
故國繁華同樂處
滿山明月杜鵑啼

Hyanggŭm yi Kyesaeng (Maech'ang)

Afanes primaverales

Sobre la extensa colina se refleja solitario el color de la
hierba primaveral.
El antiguo huésped ha regresado, pensamientos y deseos
se confunden.
En la vieja aldea, donde con frecuencia juntos nos divertimos,
la luna ilumina de lleno los montes. Oigo cantar el cuclillo.

贈醉客

醉客執羅衫
羅衫隨手裂
不惜一羅衫
但恐恩情絶

Hyanggŭm yi Kyesaeng (Maech'ang)

Dedicado a un huésped ebrio

El huésped ebrio agarra el vestido de seda.
El vestido de seda se adecua a la mano que rompe.
No tengo en mucho ese vestido de seda.
Lo que temo es el final de felicidad y amor.

贈別

我有古秦箏
一彈百感生
世無知此曲
遙和緱山笙

Hyanggŭm yi Kyesaeng (Maech'ang)

Don del adiós

Tengo un antiguo *zheng*[58] de Qin,
con un solo toque nacen cien emociones.
El mundo no conoce tales acordes,
lejano armoniza el *sheng*[59] de los montes Goun[60].

金刀

故人交金刀
金刀多敗裂
不惜金刀盡
且恐交情絕

Hyanggŭm yi Kyesaeng (Maech'ang)

El cuchillito de oro

Con el antiguo amado intercambié un cuchillito de oro.
El cuchillito de oro se ha roto varias veces.
No me importa que se pierda el cuchillito de oro.
Lo que temo es el fin del recíproco amor.

閨怨

離懷悄悄掩中門
羅袖無香滴淚痕
獨處深閨人寂寂
一庭微雨鎖黃昏
相思都在不言裡
一夜心懷鬢半絲
欲知是妾相思苦
須試金環減舊圍

Hyanggŭm yi Kyesaeng (Maech'ang)

Odio de mujer

Pensando en cuando partiste
sola cierro la puerta principal.
No hay perfume en la manga de seda,
solo huella de lágrimas.
Vacía está la estancia secreta donde la mujer vive sola.
Entre la lluvia que cae recia en el jardín,
el sol se dispone a ponerse.
Difícil expresar con palabras
mis pensamientos de nostalgia.
Por pensar en ti cada noche
mis cabellos han encanecido.
Si quieres conocer los difíciles pensamientos de este cuerpo,
basta mirar el viejo anillo de oro ya gastado.

春思

東風三月時
處處落花飛
綠綺相思曲
江南人未歸

Hyanggŭm yi Kyesaeng (Maech'ang)

Pensamiento de primavera

En marzo, en tiempos del viento de primavera,
por doquier vuelan los pétalos caídos.
Con el laúd entono para él un canto de nostalgia.
El amado al sur del río no regresa.

彈琴

誰憐綠綺訴丹衷
萬恨千愁一曲中
重奏江南春欲暮
不堪回首泣東風

Hyanggŭm yi Kyesaeng (Maech'ang)

Tocando el laúd

¿Quién me podrá compadecer? El laúd relata mis penas
más secretas,
diez mil sufrimientos y mil preocupaciones en un
solo acorde.
Mientras me apresto a tocar una vez más el *Río del Sur*
la primavera se acerca al final.
No logro contar las cosas del pasado. Llora el viento del
Este.

上泰川洪衙內

馬駐仙樓下
慇懃問後期
離筵樽酒盡
花落鳥啼時

Ilchihong[61]

Dedicado al funcionario Hong de T'aech'on[62]

Detén el caballo delante del Pabellón de los Inmortales.
Pide en secreto la próxima cita.
Deja tu puesto después de haber bebido todo el vino.
Es el momento en que las flores caen, y lloran los pájaros.

暮春

殘花眞薄命
零落夜來風
家僮如解惜
不掃滿庭紅

Kang Chijaedang (Tamun)[63]

En la tardía primavera

Las flores que han quedado tienen en verdad breve vida,
caídas como lluvia tras el viento de la noche pasada.
Si tú, niño, no entiendes el valor,
no arrojes afuera la roja belleza que llena el jardín.

團扇

願作東流水
滔滔入海流
風波如坦道
無恙護行舟

Kang Chijaedang (Tamun)

El abanico[64]

Quisiera convertirme en agua y deslizarme hacia el Este,
deslizarme con majestad hasta llegar al mar.
Las olas tempestuosas, ahora en calma,
protegen, ya sin miedo, la nave viajera.

贈別

我有古秦箏
一彈百感生
世無知此曲
遙和緱山笙

Kang Chijaedang (Tamun)

La barca

Ligera, una barca se entrega al viento,
entra despacio en la zona tupida de orquídeas.
Despierta, sorprendiéndolos, a una pareja de patos
mandarines.
Las verdes olas parten al infinito.

春日寄書

滴取相思滿眼淚
濡毫料理相思字
庭前風吹碧桃花
兩兩蝴蝶抱花墜

Kang Chijaedang (Tamun)

Carta a la primavera

Con ojos llenos de melancólicas lágrimas
humedezco la punta de mi pincel y escribo «Nostalgia».
Frente al patio, el viento se lleva las diáfanas flores de
melocotonero,
mariposas en pareja abrazan los pétalos que caen.

春夢

水晶簾外日將闌
垂柳深沈覆碧欄
枝上黃鶯啼不妨
尋君夢已到長安

Kang Chijaedang (Tamun)

Sueño de primavera

Más allá de la tienda de cristales el sol se dirige al ocaso,
las ramas de los sauces profundamente inclinadas cubren
la balaustrada azul.
El canto de la oropéndola entre las ramas no me molesta.
Soñando con mi amor, he llegado ya a Changan.

送別之京

十月江南雨
知應北雪時
左北如逢雪
懷儂雨裏思
臨行貽一橘
愛似手中環
願作楊州路
歸時萬顆還

Kang Chijaedang (Tamun)

Hacia la capital

Llueve en octubre al sur del río.
Por lo que sé, ahora en el norte debería nevar.
Si en el noreste encuentras nieve,
piensa en mí, que me consumo en la lluvia.
Te regalé para tu viaje una naranja
como prenda de amor que llevaras contigo.
Haz con ella lo que quieras en el camino de Yangzhou,
pero trae diez mil cuando vuelvas.

池亭見訪

望裹蓬山色
多年入夢青
昔別會何所
相逢去此亭
燕鳴江雨細
魚唼水花腥
那堪問故舊
桐葉半凋零

Kang Chijaedang (Tamun)

Visita al pabellón del estanque

Miro de lejos los colores del Monte Pong[65],
ese verde durante tantos años visto solo en sueños.
Un día nos separamos, ¿dónde volveremos a encontrarnos?
Para verte de nuevo he regresado a este pabellón,
las golondrinas chillan a la orilla del río bajo la lluvia sutil,
los peces arrancan a breves bocados el mucílago de los lotos.
Cómo poder solicitar al amigo de antaño…
Las hojas de la paulonia han caído ya a medias.

觀海

百川東滙盡
深廣渺無窮
方知天地大
容得一胞中

Kŭmwŏn[66]

Mirando al mar

Los cien ríos desembocan todos en el gran mar oriental,
un mar profundo, amplio, inmenso y sin fin.
Ahora lo sé, toda la vastedad de cielo y tierra
vive apretada en un solo abrazo.

始遊京城

春雨春風未暫閒
居然春事水聲間
舉目何論非我土
萍遊到處是鄉關

Kŭmwŏn

Por primera vez en la capital

La lluvia y el viento de primavera no se detienen un instante,
tal vez, en el fondo, la primavera está en los sonidos del agua.
Miro alrededor… ¿Qué digo? Esta no es mi tierra.
Viviendo sin raíces, el lugar al que arribo es mi país natal.

贈別巡相李尙書

流涙眼看流涙眼
斷腸人對斷腸人
曾從卷裡尋常見
今日那知到妾身

Kyewŏl[67]

Separándose del amado

«Ojos que vierten lágrimas miran a ojos que vierten lágrimas,
una mujer de corazón roto ante un hombre de corazón roto».
Hubo un tiempo que leía esto en un libro cada día.
¿Cómo saber que hoy me sucedería a mí?

大同江上

大同江上送情人
楊柳千絲不繫人
含淚眼看含淚眼
斷腸人對斷腸人

Kyewŏl

En el río Taedong[68]

En el río Taedong me separé de mi amado,
inútiles, para atarlo, las mil ramas colgantes del sauce.
Ojos llenos de lágrimas que miran ojos llenos de lágrimas.
Una mujer con el corazón roto ante un hombre con el
corazón roto.

征衫

持子征衫下淚裁
金刀隨手短長回
此身寧與殘燈滅
不見明朝上馬崔

Nanhyang[69]

El traje[70]

Tomo con las manos tu traje, pero las lágrimas no me
dejan coserlo.
Las tijeras de oro, siguiendo la mano, van y vienen, cerca
y lejos.
Ah, preferiría consumirme como esta vela
antes que verte montar a caballo mañana al alba.

贈盧御史

蘆兒臂上是誰名
墨入氷膚字字明
寧使川原江水盡
此心終不負初盟

Noa[71]

Dedicado al funcionario No

¿De quién será el nombre grabado en el brazo de Noa?
La tinta penetra en la piel de hielo, nítido es cada signo.
Incluso si todas las aguas de los arroyos y de los ríos acabaran,
hasta al final, este corazón no lamentaría la primera promesa.

待郎君

郎云月出來
月出郎不來
想應君在處
山高月出遲

Nŭngun[72]

Esperando al amado

Una vez me dijiste: volveré con la luna nueva.
Ahora que la luna está alta, no has venido todavía.
Pensando en ello, tal vez donde tú vives,
por culpa de los altos montes, la luna sale más tarde.

秋夜有感

陽山舘裡西風起
後山欲醉前江清
紗窓月白白蟲咽
孤枕衾寒夢不成

Ŏkkun[73]

Sensaciones de una tarde de otoño

En torno a la casa en lo alto del monte Yang[74] sopla el viento de occidente.
Entre los montes de detrás de la casa y ante las límpidas aguas del río deseo embriagarme.
Sobre la ventana recamada, la luna pálida, rauca la voz de los insectos.
Sobre la almohada solitaria, en la helada manta, no logro soñar.

一枝花

北風吹雪打簾波
永夜無眠正若何
塚上他年人不到
可憐今世一枝花

Sohong[75]

Una flor en una rama

El viento del norte trae la nieve y sacude, ondeando, la estera.
La larga noche no tiene ojos. ¡Cómo aplacar mi ansia!
En los años futuros nadie vendrá a mi tumba.
¡Ay de mí! Esta vida mía es como una flor en una rama.

江南曲

雁盡江霜白
一書況復遲
無端瑤琴冷
風雨漫相思

Sohyang[76]

El canto al sur del río

Los patos silvestres han desaparecido, el relente del río
lo ha emblanquecido todo.
Aún no llegan noticias del amado.
Límpido y frío es el sonido del laúd ornado de jaspe.
Me pierdo en mi nostalgia mientras se ensañan el viento
y la lluvia.

四絶亭遇諸學士度上口吟

三月離家九月歸
秦山楚水路依依
此身恰似隨陽鳥
行盡江南又北飛

T'aeil[77]

Vagabundeos[78]

Partir en primavera, regresar en otoño.
Borroso el camino de los montes de Qin[79] y de los ríos
de Chu[80].
Este cuerpo se asemeja al de aquel pato silvestre:
de regreso del sur, vuela hacia el norte.

洛東江

洛東江上初逢君
普濟院頭更別君
桃花落地紅無跡
明月何時不憶君

Tohwa[81]

El río Naktong

A la orilla del río Naktong te vi por primera vez.
En Pogewŏn de nuevo me separo de ti.
Las flores de melocotonero caen al suelo, no queda
huella de la belleza.
¿Qué noche de luna llena no pensaré más en ti?

自叙

娼妓與良家
其心問幾何
可憐柏舟節
自誓矢靡他

Tonginhong[82]

Acerca de mí

Una *ch'anggi* es una mujer de buena familia,
¿me preguntáis cómo son sus distintos humores?
¡Vaya! ¡También yo soy como Paekju[83],
prometí conservar mi pureza!

自叙

娼妓與良家
其心問幾何
可憐柏舟節
自誓矢靡他

Unch'o Kim Puyong[84]

Dedicado a una *kisaeng* de Pionyang

Durante un largo día de primavera la oropéndola se lamenta
a la sombra del pequeño albaricoquero.
La hermosa dama está sentada con su pena tras la tupida
tienda recamada.
¡Cómo quisieras que el viento de primavera, con las sutiles
infinitas ramas de los sauces,
te anudara cien años a tu amado!

贈湨妓百年春

遲日鶯啼小杏陰
佳人悄坐繡簾深
願取春風無限柳
絲絲綰結百年心

Unch'o Kim Puyong

Dedicado a una vieja *kisaeng*

Ahora vives al lado del pabellón Yŏngnam
y piensas en los habituales ocios a la orilla del río Taedong[85].
Un parpadeo: luces y tinieblas se funden en esta sombra.
El viento de la rezagada primavera se lleva las flores caídas.

宿檢秀

寒鴈高飛遠
浮生半異鄉
誰堪山杵響
犬吠月蒼蒼

Unch'o Kim Puyong

Durmiendo en Kŏmsu

Los ánades de invierno al emigrar vuelan alto,
la mitad de mi fluctuante vida ha transcurrido lejos de casa.
¡Quién puede soportarlo! Por los montes resuena el mortero,
un perro ladra, esplende la luna en el límpido cielo.

江樓七夕

漁歌一曲四山空
不忍醒過此夜中
何事鷄鳴天欲曙
相看脈脈去怱怱

Unch'o Kim Puyong

La séptima noche a la orilla del río

Un canto de pescadores se propaga por los montes.
Quiero pasar esta noche perdida en mi ebriedad.
¿Por qué el gallo canta la luz de un nuevo día?
Encontrarse llenos de afecto para luego tener que separarse
a toda prisa.

五江樓夜懷

夜深人靜水聲低
睡起無情月在西
會有冷風澄碧落
自憐心緒似雲迷

Unch'o Kim Puyong

Noche profunda

Profunda es la noche, todos duermen, el gorgeo del agua
se atenúa.
Me despierto... vaciada... La luna brilla al oeste.
Mientras los gélidos vientos limpian el cielo,
en el corazón afligido: pensamientos como nubes
extraviadas divagan.

曉起

夜夢到成都
覺來看畫圖
誰知千里月
偏照一身孤

Unch'o Kim Puyong

Despertar

Esta noche en sueños he regresado a Sŏngdo.
Me despierto. Solo pinturas alrededor.
¿Quién sabe, oh luna lejana mil *li,*
que, al declinar, iluminas este solitario cuerpo mío?

諷詩酒客

酒過能伐性
詩巧必窮人
詩酒雖爲友
不踈亦不親

Unch'o Kim Puyong

Sátira sobre la poesía y el vino

Mucho vino puede destruir tu naturaleza,
acaba en la miseria un poeta pedante.
Poesía… vino… son tus amigos,
pero no los abandones y no te acerques demasiado.

月

圓滿中天月
光明四海同
太嫌玉露面
隱影碧梧桐

Ŭnsong[86]

Luna

Oh luna, que límpida llenas el centro del cielo
y con tu luz iluminas los cuatro mares.
A distancia debida estás del centelleante rocío,
entre las ramas de la paulonia escondes tu sombra.

河橋

河橋牛女重逢夕
玉洞郎娘恨別時
若使人間無此月
百年相對不相移

Yŏnhŭi

La Vía Láctea

Bajo la Vía Láctea[87], a Chingnyŏ y Kyŏnu los encontró la noche.
En la Casa de Jade[88] viven una vez más una triste separación.
Si solo para los humanos el séptimo mes no existiera…
el encuentro duraría cien años, nunca se alejarían.

除夕

歲暮寒窓客下眠
思兄憶弟意凄然
孤燈欲滅愁歎歇
泣抱朱絃餞舊年

Anónimo

La última noche del año

Última noche del año ante la fría ventana,
el huésped no consigue dormir.
Piensa en el hermano mayor, recuerda al menor,
su ánimo se entristece progresivamente.
Suspira, mientras la vela solitaria se consume.
Lágrimas abrazan las cuerdas de la cítara,
así se despide del año que ya ha partido.

送人

去去平安去
長長萬里多
瀟湘無月夜
孤叫鴈聲何

Kisaeng de Ŭiju

Saludando al amado

Ve, ve, que tengas un buen viaje y ve,
largo es el camino de diez mil *li*.
Pero en los ríos Xiao[89] y Xiang[90] la noche es sin luna.
¿Cómo podrás oír el canto del ánade solitario?

NOTAS

1. **Chinok:**

Sobre esta autora no existen referencias biobibliográficas concretas, pero debido a este *sijo,* el único atribuido a ella que nos ha llegado, se puede suponer que vivió en el período comprendido entre los reinos de Myŏngjong (1545-1567) y de Sŏnjo (1567-1608). De hecho, según algunos estudiosos, el término «Chŏng Ch'ŏl» (Metal puro) en el segundo verso sugiere que, en realidad, se trate de una referencia al nombre del poeta-literato Chŏng Ch'ŏl (pseudónimo de Songgang 1536-1593) para el cual parece que este poema fue escrito en respuesta a un *sijo* previamente compuesto por él y dedicado a ella cuyo nombre, Chinok, significa «puro jade»: «*Jade, se me ha dicho, he creído que se trataba de un jade ordinario. Pero mirándolo mejor se trata de un jade excelente. Tengo un cincel he pensado en intentar esculpirlo*».

Además de subrayar la clara semejanza entre los dos poemas, construidos de modo paralelo, los dos *sijo* aquí presentados asombran sobre todo por la frescura y referencias sexuales explícitas que ambos autores revelan en sus versos: el literato Chŏng Ch'ŏl con su no demasiado velada propuesta; y la poetisa que, casi como juego, parece relanzarle de modo evidente la propuesta «indecente» recibida de su ilustre interlocutor. De forma harto austera, como la de la confuciana dinastía Chosŏn, que tanto celebraba la corrección y la compostura de la figura del literato, estas breves composiciones abren importantes rendijas sobre instantes de la vida privada de dichos literatos, revelándonos nuevos cánones de comportamiento, nuevas imágenes que introducen un modo manifiestamente distinto del puritano que la iconografía e historiografía oficial han intentado siempre dibujar. En cuanto al tema de la atribución, el texto «Metal, me han dicho», se atribuye a Chinok solo en una de las dos fuentes donde este se recoge, la otra la atribuye a Ch'ŏri (la «Mujer Metal»). Esta última atribución parece estar motivada por la referencia en el texto poético al término «metal». No es de excluir que se trate de la misma persona. No es raro que en las composiciones de las *kisaeng* se den referencias directas y reclamos homófonos al nombre de la autora, en torno al cual se construyen juegos poéticos, que tanto gustaban a autores y autoras de la Corea tradicional. Por lo demás, la atribución de un nombre artístico a las *kisaeng* era un acontecimiento muy importante, dado que marcaría gran parte de su existencia: el nombre artístico era generalmente acuñado por una persona muy importante en la vida de la *kisaeng;* con frecuencia el primer hombre con el que la joven había tenido relaciones sexuales. Cuando no era un augurio de éxito o de suerte para la vida futura, el nombre artístico solía describir los aspectos más sobresalientes del carácter y la personalidad de la joven *kisaeng,* y en el caso de que su comportamiento no se considerara «adecuado» a la situación de su «padrino», se podía dar a la muchacha incluso un nombre no precisamente elegante.

2. **Coh'ŏn'gŭm:**

Las fuentes coreanas no son generosas con esta poetisa, de la que no sabemos más que el nombre artístico. En cuanto al texto presentado aquí,

«Ha descendido la noche al solitario pueblo de montaña», ha conocido mayor fortuna que su autora al estar recogido en 32 fuentes diversas, entre antologías de *sijo* y partituras musicales. Una sola de estas fuentes, sin embargo, atribuye el texto a Ch'ŏn'gŏm, el *Yuktangbon Chŏnggu yŏngŏn,* en el nº 418, mientras ninguna de las demás proporciona atribución alguna. Tras un análisis más atento de las fuentes resulta claro que «esas se remontan todas al siglo XIX y que el *Yuktanghon Chŏnggu yŏngŏn* es la más antigua». Según Sŏng Kiok, es posible afirmar con mucha probabilidad que Chŏn'gŭm vivió en la primera mitad del siglo XIX.

3. **Hanu:**

De Hanu («La fría lluvia») se sabe muy poco. Vivió y estuvo activa en Pionyang (actualmente capital de la República Democrática Popular de Corea) durante el reino de Sŏnjŏ (1567-1608), y se dice que tuvo una relación con el literato Im Che (1549-1587). Las fuentes relatan que un día, Im Che, al conocer a la poetisa, improvisó los siguientes versos, titulados «Canto de la Fría Lluvia» (Hanuga): *«El cielo del norte estaba sereno, salí sin prepararme para la lluvia/ pero nieva en los montes, y por los campos desciende la fría lluvia./ Hoy la fría lluvia me ha empapado, temo congelarme en el sueño».*

También en este caso es evidente el juego poético creado con el nombre de la mujer. En el mismo plano permanece igualmente Hanu, que le contesta improvisando el *sijo* contenido en esta antología.

Del *sijo* que aquí se recoge, único atribuido a Hanu que nos ha llegado, queda constancia en nueve antologías, pero de estas solo cinco lo atribuyen a la *kisaeng* Hanu.

4. **Hongjang:**

Tampoco respecto a Hongjang las fuentes son generosas a juzgar por la antología de *sijo* y las colecciones musicales que contienen el único *sijo* atribuido a ella. Es posible pensar que se tratara de una pieza muy difundida en los repertorios, pero no todas las fuentes coinciden respecto a la atribución a Hongjang. De un total de dieciséis antologías que la recogen, solo cinco indican atribución a la autora. Tres de las fuentes restantes indican solo que la composición es obra de una *kisaeng* activa en la ciudad de Kangnŭng, en la región de Kangwŏn, mientras en las demás no se da referencia alguna acerca de una eventual atribución. Sŏng Kiok despierta dudas respecto a la originalidad de este texto, pues sostiene: «en el *Korysa* (Historia de Koryŏ, sección Akji), hay una canción en chino clásico titulada *Pabellón del Pino de Invierno* de contenido muy similar al *sijo* de Hongjang» (en Yi, *op. cit.*, p. 28). En realidad la historia de Koryŏ (relativa al periodo histórico comprendido entre 918 y 1392) se recoge en la época Chosŏn y no queda excluido que se hiciera una codificación anterior de las obras musicales de tradición oral en chino clásico y no en alfabeto, inventado en época contemporánea a aquella en que la historia dinástica del periodo Koryŏ se completa.

En cuanto al tema de la identidad de la autora, dada la escasez de información que poseemos, es posible pensar que Hongjang fuera en verdad la *kisaeng* activa en Kangnŭng a la que se refieren las fuentes. Apoyan esta hipótesis algunas referencias geográficas contenidas en su *sijo* (cfr. nota siguiente), unidas a la ciudad de Kangnŭng, y a un relato *(sosŏl)* en chino clásico aparecido en la segunda mitad del periodo Chosŏn, escrita por Sin Hudan (1702-1761). El relato está dedicado a la historia de un amor entre una *kisaeng* de Kangnŭng, de nombre Hongjang precisamente, y un alto funcionario gubernamental de la primera época Chosŏn. Su nombre era Pak Sin (1362-1444), famoso por haber sido uno de los «Súbditos de Mérito de la Fundación Dinástica» *(kaeguk kongsin)* que apoyaron la aparición de la nueva dinastía Chosŏn, fundada en 1392 tras el golpe de Estado del general Yi Sŏnggye. Solo se trata de un relato, pero no era raro que los autores de *sosŏl* de carácter histórico se inspiraran en hechos realmente acontecidos.

5. En «El Pabellón del Pino de Invierno», *sijo* que, según Pak, la autora quiso dedicar al literato Pak Sin, se dan algunas referencias a la ciudad Kangnŭng y a las localidades circundantes. Ante todo, el Pabellón del Pino de Invierno (el Pabellón Hansong) existe realmente y también la Colina de la Cascada Esplendorosa (el Belvedere Kyŏngp'o) es una localidad situada en la costa, considerada una de las ocho metas turísticas más seductoras de Kwandong, o sea, de la región de Kangwŏn, donde se encuentra la ciudad de Kangnŭng. Es muy probable que se trate del *sijo* más antiguo de época Chosŏn. Aunque no se conocen las fechas de nacimiento y muerte de Hongjang, nada impide creer que, habiendo estado dedicado a Pak Sin (cfr. también nota anterior), dicho *sijo* haya sido compuesto en torno a la primera mitad del siglo xv.

6. **Hongnang:**

Hongnang no representa una excepción por lo que se refiere a información biográfica. Poco nos ha llegado que nos pueda hacer comprender algo de su vida, y tampoco el texto aquí presentado, de rara belleza, ha conocido gran difusión, sino que lo contiene una sola fuente manuscrita, parte de la colección privada de la familia O Sech'ang. En Chŏng *Sijo munnrak sajŏn*. Seúl: Sin'gu Munhwase, 1966, p. 717, se cuenta que se dice de ella que «fue una kisaeng que vivió en el reinado de Sŏnjo (1567-1608)» y que «estuvo unida sentimentalmente con el literato y poeta Ch'oe Kyŏngch'ang». Ch'oe Kyŏngch'ang (1539-1583) fue un gran intelectual del siglo xvi, famoso por su habilidad en la creación poética y también por ser excelente compositor de partituras musicales. Él, Paek Kwanghun y Yi Tal eran conocidos como los «Tres poetas en estilo Tang» *(Tangsi samin)*, por el profundo conocimiento y dominio que habían alcanzado de la poesía china de la época Tang. El amor de Hongnang por él era tan profundo que queda plasmado en el siguiente suceso: en una ocasión, habiendo tenido noticia de una súbita enfermedad de Ch'oe, viajó ella a pie durante siete días y siete noches de Kyŏngsŏng, en la región de Hamhŭng septentrional, al norte de la península coreana (la actual Corea del Norte), para llegar a la capital Hanyang (hoy Seúl, en Corea del Sur) y tener noticias del amado. Parece que el episodio causó tal impacto en la conservadora corte coreana de entonces, que después de esto, el literato perdió su cargo público y todos sus títulos.

Recientemente, la prensa surcoreana ha vuelto a hablar de Hongnang con motivo de la primera difusión pública, por parte de la familia O Sech'ang, del manuscrito original que contiene su texto de despedida del amado que partía, compuesto en 1574. El manuscrito iba acompañado de una composición en chino clásico, escrito por Ch'oe Kyŏngch'ang tras otro breve encuentro con la *kisaeng,* en los años siguientes. La mínima correspondencia había sido celosamente custodiada por los descendientes del literato junto con todos sus demás escritos. El artículo de referencia apareció en el periódico *Chosŏn Ilbo* del 14 de noviembre de 2000.

7. **Hwang Chini:**

Hwang Chini (1511 - 1541) es una de las *kisaeng* más destacadas del periodo Chosŏn y acaso la poetisa más famosa de Corea. No se conocen datos ciertos de su nacimiento, pero a través de los literatos que la frecuentaron y hablan de ella, se puede afirmar con certeza que, nacida en Songdo (Kaesŏng, en la actual Corea del Norte) como hija ilegítima de padre literato y madre *kisaeng,* vivió en Corea durante el reino de Chungjong (1506-1544). En realidad, también su nombre está rodeado de leyenda, pero a juzgar por el apellido que lleva, la hipótesis de que fuera hija ilegítima del literato Hwang parece la más acertada. Siguiendo instrucciones de su madre, estudió los clásicos chinos y desde la más tierna edad demostró gran habilidad en la música y composición poética. Se dice que a los quince años, tras el hecho de que un joven profundamente enamorado de ella se dejara morir de amor, Hwang Chini decidió convertirse en *kisaeng.* En poco tiempo se hizo célebre no solo por su belleza sino por su excelencia en todas las artes del entretenimiento. Su talento y su fama le facilitaron el contacto con grandes intelectuales de la época, entre ellos el famoso literato y filósofo neoconfuciano Sŏ Kyŏngdŏk (1489-1546), el cual, a pesar de su gran talento, había preferido rechazar la vida pública e importantes cargos burocráticos para retirarse a la vida solitaria en un refugio de montaña, en los alrededores de Songdo. Al parecer, Hwang Chini se convirtió en su alumna, y Sŏ Kyŏngdŏk la amó tiernamente con un amor platónico. Algunos *sijo* de Sŏ Kyŏngdŏk están dedicados a ella. Uno de los más intensos y delicados dice: «*Alma mía, ¿cuál será el secreto de tu juventud? Cuando yo envejezca, ¿podrás tú no envejecer? Tal vez la gente se mofa de mí porque te sigo a todas partes…*».

La poetisa estuvo también en compañía de otro literato de alto nivel, So Seyang (1486-1562), al que dedicó igualmente una poesía en chino (véase la segunda parte de esta antología), pero tuvo otro importante amor: el funcionario Pyŏk Kyesu, al que dedicó algunas de sus creaciones más bellas e intensas, entre ellas la famosa «Agua transparente y tersa» y «Quiero cortar las horas más profundas», ambas incluidas en esta antología.

La belleza de esta mujer debió de impactar a otros muchos literatos y funcionarios de la época, uno de los cuales, Im Che (1549-1587), joven intelectual que, a causa de su amor por las mujeres, se dice, no logró alcanzar los altos rangos de la burocracia. Movido por dicho sentimiento, cuando, durante un viaje a la zona donde vivía Hwang Chini, inesperadamente se encontró delante de su tumba, compuso estos versos: *«En este verde valle, ¿duermes o estás reposando? ¿Dónde está tu rosáceo color? ¿Han sepultado aquí tus huesos? Levanto la copa, pido vino, nadie atiende mi petición, y esto me entristece».*

La tumba de Hwang Chini está en Changdan, en la región de Kyŏnggi, que circunda Seúl. Dice la leyenda que, tras la sepultura de la *kisaeng,* cerca de la tumba brotó una fuente de la que manaba un agua fresquísima y pura.

Los acontecimientos vividos por Hwang Chini han llamado tanto la atención de la fantasía popular que han dado origen a la aparición de numerosas historias referidas a ella, sus peripecias personales y los motivos que la indujeron a hacerse *kisaeng*. Al contrario de lo que sucede con otras autoras, de las que con frecuencia solo nos ha llegado el nombre artístico y la localidad de origen, sobre Hwang Chini existe mucha información procedente de diversas fuentes, si bien en gran parte no reconocidas. Sobre este tema, una fuente recientemente descubierta parece añadir una prueba documentada muy importante respecto a la hipótesis de si la poetisa existió en verdad. El nombre de Chini aparece ciertamente en el elenco del *Songdo kwan*. En cuanto a lo que allí recogido sea verdad o fruto de la fantasía es difícil de decir, pero su fama es tal que todavía hoy es una de las poetisas más amadas de toda la historia de la literatura del país, y su personaje sigue inspirando a poetas, escritores y directores de teatro y cine.

8. «Agua transparente y tersa».

Es el *sijo* que Hwang Chini dedicó al funcionario identificado como Pyŏk Kyesu (con cuyo nombre juega la poetisa en sus versos. Pyŏk Kyesu es de hecho homófono a la locución en sinocoreano que en el texto se traduce como «Agua transparente y tersa», pero en el lugar del «su» final sustituye el carácter chino, de modo que en vez de usar su nombre usa el carácter homófono de «agua» *(su)*. El texto *Kŭmgye p'iltan* aclara como Hwang Chini, *kisaeng* de Songdo, se hizo famosa en todo el país por su belleza, por la perfección que demostraba en todas las artes, del canto a la danza, y por sus composiciones poéticas. Por aquel entonces trabajaba en la corte un funcionario de nombre Pyŏk Kyesu, que presumía de ser incorruptible al atractivo de las mujeres más bellas. Durante una misión fuera de la capital, pasó sin darse cuenta delante de la casa de Hwang Chini, y se dice que, tras haber oído el *sijo* dedicado a él, no logró seguir calle adelante por el encanto de la belleza y profundidad de los versos.

En los versos, la *kisaeng* juega incluso con su propio nombre: en el texto la locución en sinocoreano *myŏngwŏl* (luna esplendorosa, luna que brilla) está también su nombre de *kisaeng,* por tanto, la luna «llena, que brilla colmando montañas vacías» es ella misma, Hwang Chini. El texto se recoge unas treinta y dos veces entre colecciones de *sijo* y antologías de partituras musicales como corroboración de su fama y el grado de difusión que había alcanzado entre los aficionados y los ejecutantes de *sijo* de su tiempo.

9. «¿Qué he hecho?» Incluido en treinta y cuatro antologías, también este *sijo* se considera uno de los más difundidos y amados de la tradición poética y musical coreana. Los textos nos señalan en este caso, como en el del *sijo* precedente, algunas discrepancias en la atribución. El problema de la atribución sigue abierto: la ausencia de documentos originales, manuscritos o cualquier otro elemento que demuestre sin sombra de duda la paternidad de las obras, unida a la escasez de información sobre gran parte de las autoras, hace que se prefiera el término «atribución», incluso donde la tradición parece no alimentar dudas al respecto.

10. «Los montes permanecen inmutables». Con este poema la autora parece seguir las enseñanzas de la filosofía taoísta para alcanzar consuelo a la muerte del amado. El concepto de la inmutabilidad de las montañas que permanecen ahí, dándole seguridad con su agradable presencia, contrasta con la *impermanencia* del agua; un agua que «no es la de siempre», y que es comparada a los hombres y a su impotencia para enfrentarse a las leyes de la naturaleza, que con la muerte se los lleva, de modo que hasta los seres más queridos «se van para nunca regresar». Este *sijo* se reproduce en veinticuatro antologías, ninguna de las cuales resuelve el problema de la autoría.

11. «¿Cuándo traicioné tu confianza?». Este *sijo* figura en veintiséis antologías.

12. «Verdes montañas, mi deseo» es un *sijo* que se encuentra solo en dos antologías, ambas del s. XIX: el *Taedong p'unga* (128) y el *Kŭnhwa akpu* (251).

13. «Quiero cortar las horas más profundas» es el último *sijo* atribuido a Hwang Chini presentado en esta antología. Junto a «Agua transparente y tersa», puede considerarse el *sijo* más famoso de todos los tiempos y el más conocido en Corea. Sin duda, uno de los más queridos por todas las generaciones. A juzgar por las fuentes donde se incluye, en treinta y cinco, su popularidad debe de haber sido muy grande también en los siglos pasados. Hwang Chini es, ciertamente, una autora de la que ninguna antología de *sijo* puede prescindir. El hecho de que, además, tratara de una historia de amor, ha convertido este *sijo* en uno de los más cantados y, por ello, presente en todas las antologías de canto y en los repertorios musicales de numerosas generaciones de poetas y artistas.

14. **Kang Kangwŏl:**
Las fuentes no nos proporcionan ninguna noticia biobibliográfica de esta autora. De ella se sabe solamente que era también conocida con el sobrenombre *(cha)* Ch'ŏnsim (Corazón Celeste) y que estuvo activa como *kinyŏ* en la zona de Maengsan (localidad situada en la región de P'yŏngan

septentrional, actualmente Corea del Norte). Se ha llevado a cabo recientemente un intento de ubicarla en el tiempo por parte de Sŏng Kiok.

15. «Te encuentro a mil *li*» es el primer *sijo* atribuido a Kang Kangwŏl incluido en la presente selección.

16. **Kuji:**

De Kuji sabemos solo que era una *kisaeng* de Pionyang y que, muy probablemente, vivió en el siglo XVIII si nos apoyamos en lo que sostiene Sŏng.

17. «Con un gran pino construyes una barca», *sijo* incluido en nueve fuentes distintas, de las cuales siete atribuyen a Kuji la paternidad de la composición. El *Haedong kayo* y el *Akpu,* en una nota, precisan que «Yu Ilchi es el amado *(aebu)* de Kuji». En este *sijo* la autora parece jugar con los sentidos dobles contenidos en el nombre de su amado y en el suyo. La lectura sinocoreana del nombre propio «Yu Ilchi» corresponde también al significado de «rama de sauce», mientras que su nombre, «Kuji», lo encontramos en forma duplicada usado como adverbio, *«kuji-kuji»:* significa «de modo firme, obstinado». No se han hallado documentos históricos sobre la figura de Yu Ilchi, por lo que no es posible añadir detalles más precisos sobre dicho caballero ni, como consecuencia, establecer históricamente el período en que vivió la autora. En realidad, a juzgar por la presencia del *sijo* en antologías de mediados y finales siglo XVIII, mientras que aparece más raramente en antologías de siglos siguientes, es posible pensar que la poetisa vivió en el siglo XVIII. Dadas las referencias al río Taedong, que atraviesa Pionyang, podríamos además añadir que con mucha probabilidad, la *kisaeng* habría nacido en aquella ciudad, o que durante un periodo significativamente largo de su vida habría desarrollado allí su actividad. En cuanto a la figura del *aebu*, parece ser semejante a la del *kibu* (literalmente, «marido de la *ki (saeng)*». En realidad, los *kibu,* más que verdaderos maridos, desempeñaban, al parecer, funciones semejantes al papel de los «protectores-mánager», en el caso de que las *kisaeng* no fueran concubinas de algún literato importante y tuvieran necesidad de trabajar para vivir. El *kibu* desempeñaba un papel fundamental sobre todo para las *kisaeng* recién reclutadas en las provincias, que por primera vez llegaban a la capital. Él procedía a buscarles alojamiento y sustento, pero pedía a cambio la exclusiva de sus habilidades artísticas. Una relación amorosa no estaba excluida, pero no era una cuestión obligatoria: en este caso, tal vez la variante *aebu* del término nos parece más apropiada. La figura del *kibu* estaba muy difundida en la capital y en todos los grandes centros donde se reunían numerosas *kisaeng*.

18. El río Taedong atraviesa la ciudad de Pionyang.

19. **Kŭmhong:**

No nos han llegado informaciones seguras sobre Kŭmhong. El único dato que poseemos es el que nos proporciona un pequeño apunte que figura al lado del nombre de la autora en la variante *Kagok Wŏllyu* perteneciente a la antología Illsŏk (s. XIX), en la cual se especifica que se trata de una *kisaeng* de Pionyang. La ubicación de su único *sijo* que ha llegado a nosotros en una sola fuente del siglo XIX, ha llevado a Sŏng Kyok a sostener que la autora haya vivido hacia mediados de 1800. Como en otros muchos casos, la afirmación carece de testimonios históricos seguros. Nos parece un deber precisar que en la investigación sobre las *kyniŏ* coreanas, cuando se habla de datación, desgraciadamente, nos referimos más bien a la probabilidad que a la certeza.

20. La expresión «cielo de jade» es una metáfora para cielo otoñal, un cielo sereno, libre de nubes, como con frecuencia es el cielo otoñal coreano.

21. **Kyerang/Maech'ang:**

Maech'ang (1573 - después de 1610) es uno de los nombres con los cuales se designa a la *kisaeng* Yi Kyerang, también conocida como (Yi) Kyesaeng o Hianggŭm, que vivió en Puan, (región de Chŏlla) entre la segunda mitad del siglo XVI y principios del XVII. Maech'ang nació en una familia de clase media: su padre Yi T'angjong *(ajŏn),* era un funcionario administrativo local, y se cree que la madre fue ella misma una *kisaeng*. Desde la tierna edad, Maech'ang no solo reveló un don altísimo para la composición poética, sino que fue una exquisita bailarina y ejecutora de partituras en el *kŏmun'go,* un instrumento de cuerda. Su fama se extendió muy pronto no solo por Puan y toda la región de Chŏlla, en el sudoeste del país, sino que llegó hasta la capital. El poeta e hijo ilegítimo Yu Hŭigyŏng (1545-1636), durante una visita a Puan, la quiso conocer, y de aquel encuentro nació un profundo amor entre los dos, de lo que da testimonio un intenso intercambio de poemas. Pero el poeta tenía ya una familia, que vivía en la capital, y pronto llegó el momento de la separación. Afligidos por el dolor del adiós y la consiguiente nostalgia, los dos hallaron consuelo en los poemas, único testimonio de su profunda tristeza. En los años siguientes, Maech'ang conoció a otros grandes literatos de su tiempo, entre los cuales podemos mencionar a Yi Kwi (1557-1633), Kwŏn P'il (1569-1612) y al escritor Hŏ Kyun (1569-1618). El primero, Yi Kwi, se convirtió enseguida en amante de la *kisaeng*. Se cuenta también que Hŏ Kyun, tras haberla conocido en Puan, haber leído sus poemas y haberla escuchado tocar el *kŏmun'go,* se enamoró perdidamente de ella. Pero hallándose ella ya comprometida con Yi Kwi, gran amigo de Hŏ Kyun, el escritor desistió de sus propósitos y logró renunciar a su amor por Maech'ang, contentándose con mantener con ella una correspondencia de cartas e intercambio de poemas.

El destino quiso que, después de quince años de separación, el poeta Yu Hŭigyŏng volviera a la región de Chŏnju. La emoción que sintió por ella fue enorme, y durante la breve visita ambos fueron inseparables. Pero aquel fue el último y breve encuentro entre los dos: pasados solo diez días tuvieron que separarse. Después de aquel nuevo adiós, Maech'ang no consiguió reponerse, perdió todo interés por la vida y murió a los tres años con solo treinta y siete años. Nos queda una antología de poemas titulada *Maech'angjip* (Antología de Maech'ang).

22. «Tú que has partido». Este *sijo* se encuentra en unas treintena de antologías y todas coinciden en atribuirlo a Kyerang (para los seudónimos y los otros nombres con los cuales la poetisa era conocida, véase la nota precedente). Algunas fuentes nos proporcionan incluso indicaciones sobre la autora como el *Tonggasŏn* (142) en el cual se lee: «La famosa *kisaeng* de Puam, hábil en la composición poética, ha dejado la antología lírica *Maech'angjip*. Encontró en la aldea a su antiguo amor Yu Hŭigyŏng. Una vez este hubo partido a la capital, desolada, no dijo una palabra. Solo para sí misma escribió este canto y permaneció fiel a él».

23. **Kyesŏm:**

Kyesŏm (1736-1797) es una de las pocas *kinyŏ* de las que nos han llegado noticias fidedignas, como afirma el mismo Sŏng: «la autora, entre las *kinyŏ*, sobre la que nos han llegado las noticias más completas». Según el estudioso, Kyesŏm nació en Songwa, en la región Hwanghae. Pronto quedó huérfana y estudió canto hasta los dieciséis años. En 1760 era ya muy apreciada por su talento y fue alumna del músico Yi Chŏngho (1693-1766), que hizo de ella una artista conocida en todo el país. A la edad de cuarenta y un años, en 1776, sabemos que se convirtió en *kusa*. Según el Códice Nacional *(Kyŏngguk taejŏn)*, la *kusa* era una servidora elegida entre las esclavas *(kwannobi)* de provincias y confiada a familiares reales o a dignatarios de alto nivel. Por ley, tres años después de la muerte de la persona a la que fue confiada, debería haber regresado a los esclavos de los que formaba parte originariamente. Pero si había vivido como concubina de la persona a la que había sido confiada, se le reconocía el permiso de permanecer para siempre en la casa en que se hallaba, por lo que Kyesŏm fue confiada a la familia del alto funcionario Hong Kugyŏng (1748-1781), hasta que en 1781 cayó en desgracia y se le privó de sus cargos públicos. Entonces Kyesŏm fue enviada a P'aju, localidad no distante de la capital, donde fue confiada a un alto funcionario de nombre Sim Yong (fechas de nacimiento y muerte desconocidas). Después de la muerte de este, se sabe que Kyesŏm permaneció en P'aju hasta el final de sus días. El *sijo* a ella atribuido es el único poema suyo que ha llegado hasta nosotros. Dado su argumento, se cree que se trata de uno de los últimos escritos por ella en edad avanzada y compuesto precisamente en el periodo de estancia en P'aju. En realidad, existen muchas dudas acerca de la paternidad de su *sijo*, del cual tenemos también una versión similar en chino clásico que consta en una fuente notablemente anterior. (Véase la nota siguiente).

24. «Cuando parte la juventud». Este *sijo* se recoge en veintisiete antologías distintas, pero solo dos indican la atribución. Es muy probable que la versión en alfabeto atribuida a la *kisaeng* Kyesŏm en un texto de la primera mitad del siglo XVIII sea una reelaboración de un texto coreano de la época Koryŏ, originalmente transmitido solo de modo oral, luego, a través de la codificación escrita del chino clásico (único sistema de escritura entonces disponible en Corea), y, por último, trasladado al coreano mucho más tar-

de, después de la invención del alfabeto. Se trata de un fenómeno muy representativo que explica bien el trayecto, a veces sinuoso, seguido por el proceso de codificación de las fuentes orales en Corea. Precisamente, debido a la particularidad de Corea, que se dota de un alfabeto autóctono en el siglo XV, se asiste a la coexistencia de dos sistemas de transmisión paralelos, el primero exclusivamente oral, que continúa de manera autónoma a pesar de la presencia del sistema de escritura china antigua, contribuyendo a la transmisión, generación tras generación, de todo el patrimonio de los cantos y la música autóctonos; el otro procurado a través de la escritura, que en la fase pre-alfabética (es decir antes del siglo XV), partiendo del texto oral, por tanto, en coreano vulgar, tiene que confiarse necesariamente al medio de la escritura china, es decir, a un proceso de traducción de un sistema lingüístico (coreano hablado), a otro (chino escrito), mientras en la fase post-alfabética (después del siglo XV), emprende la vía de la «transcripción» del canto mediante el uso del alfabeto, facilitando el proceso de codificación de la transmisión oral basado en una perfecta correspondencia entre «hablado-escrito». Si esta hipótesis fuese cierta, entonces el *sijo* atribuido a Kyesŏm, en cuanto nueva versión de una obra anterior, no haría más que confirmar la existencia de una práctica muy difundida entre las *kisaeng*, evidente sobre todo en casos de intercambio entre hombre y mujer (véase el caso de Chŏng Chŏl y Chinok, de Sŏ Kyŏngdŏk y de Hwang Chini, de Im Che y Hanu). En los casos citados se puede hallar un evidente paralelismo en los versos, jugando con la sustitución de pocas palabras, para componer un nuevo *sijo*. Un procedimiento análogo puede encontrarse también en el caso de poesías en chino clásico («Separándose del amado» y «En el río Taedong»), donde asistimos a la recuperación de versos enteros, en torno a los cuales se construye una nueva composición.

25. **Maehwa:**

De Maehwa, autora del *sijo* «Ha vuelto la primavera», sabemos solo que fue una *kisaeng* de Pionyang. En realidad, el nombre de Maehwa parece haber sido bastante común entre las *kisaeng*, en cuanto las fuentes hablan de una *kisaeng* de Chinju con el mismo nombre. En la presente antología los *sijo* de las dos autoras se han clasificado separadamente. El nombre de Maehwa se cita también en los anales del rey T'aejong, uno de los primeros soberanos de la dinastía Chosŏn (1400-1418). En ellos se cuenta la historia de una *kwan'gi* (*ki* registrada y asignada a una dependencia gubernamental), de nombre Maehwa, convertida en concubina real de Yi Hwa, hermanastro del fundador de la dinastía, el rey T'aejo. La fuente dice que el nombre de la mujer estaba registrado en los elencos de los músicos. Después de su relación con el príncipe Yi Hwa, la *kisaeng* fue, en cambio, liberada de sus deberes y nombrada princesa, dicha fuente precisa que «no existía distinción entre esposa principal y concubinas».

Las Maehwa aquí mencionadas son indudablemente tres personas distintas. La primera en orden cronológico, nombrada en los Anales, debió de vivir antes de 1418, y sobre su existencia no caben dudas, aunque de ella no sabemos nada excepto lo referido en la fuente histórica oficial. En cuanto a las otras dos, la primera en orden cronológico, la Maehwa de Pionyang, parece haber vivido en el siglo XVII. Según Sŏng Kiok, la Maehwa autora del famoso *sijo* «Ha vuelto la primavera» (cfr. nota nº 29), conoció a un alto funcionario del gobierno llamado Yu Ch'unsaek, cuando estaba en Pionyang. Se cree que, de inmediato, el hombre se entusiasmó con otra *kisaeng,* de nombre Ch'unsŏl (Nieve de Primavera). Sin embargo, no existen informaciones sobre este alto funcionario, pero el nombre de Maehwa aparece en el *Chinhon Ch'ŏnggu yŏngŏn* junto a otros dos nombres de *kisaeng* que vivieron en el siglo XVII: Huang Chini y So Paekju. Sŏng Kiok sostiene que esto es un elemento suficiente para situar cronológicamente a la *kisaeng* Maehwa de Pionyang en el mismo período histórico.

Respecto a la tercera Maehwa, la de Chinju, el mismo estudioso, Sŏng Kiok, sostiene que cronológicamente se la puede situar en torno al siglo XIX, dado que los tres *sijo* aparecen en una sola fuente, el *Ch'ŏnggu yŏngŏn* en la variante tardía Ilsŏkbon, que se cree fue compilada en torno a la primera mitad del siglo XIX.

26. «Ha vuelto la primavera». Las fuentes atribuyen este *sijo* casi unánimemente a Maehwa.

27. **Munhyang:**

Fue una *kisaeng* que vivió en Sŏngch'ŏn durante el reino de Sŏnjo (1567-1608). Se dice que en Sŏngch'ŏn encontró el amor de su vida: el literato Chŏng Kak, el cual, de regreso de una misión oficial en China, se detuvo en la aldea y allí conoció a la *kisaeng* Munhyang.

28. **Oksŏn:**

De ella sabemos solamente que era una *kisaeng* de Chinyang, localidad situada en la región meridional de Kyŏngsang. El *sijo* aquí presentado es hasta hoy el único que nos ha llegado atribuido a ella.

29. **So Ch'unp'ung:**

Fue una *kisaeng* que vivió en la capital en la época del rey Sŏngjong (1469-1494) aunque en el *Taedong Yasŭng* se defina como *kinyŏ* de Yŏnghung. De ella se dice que era muy bella, y el hecho de que residiera en la capital lo confirma. De hecho, las *kisaeng* más preciadas y más bellas eran elegidas para exhibirlas en la corte. A juzgar por el nivel de las fuentes que nos proporcionan información sobre esta *kisaeng,* es posible sostener que So Ch'unp'ung fue sin duda una mujer particularmente buscada y admirada. De hecho, se habla de ella en una de las fuentes históricas de mayor autoridad de la dinastía Chosŏn, los Anales *(Chosŏn wangjo sillok).* Pero de So Ch'unp'ung quedan desgraciadamente pocos *sijo*, aunque el indudable valor literario de su modestísima obra ha sido reconocido por uno de los máximos historiadores de la literatura coreana, Cho Tongil, que, en su monumental *Historia completa de la literatura coreana,* en las páginas 358-359, tiene para la autora palabras de indudable elogio. Según Cho: «Los *sijo* eran compuestos para ser cantados durante cenas o banquetes, es decir, delante de una copa de vino. Cuanto más lograban las *kisaeng* cantarlos delante de los literatos en estas ocasiones, más aumentaba su prestigio». Obviamente, cantar *sijo* no bastaba, de modo que las *kisaeng* debían tener también una extensa preparación igualmente en la danza, tocar instrumentos musicales y saber de memoria un gran número de poesías en chino clásico, para tener un amplio bagaje donde elegir la poesía precisa que declamar, o improvisar, fuera cual fuera la ocasión que lo requiriera. De este modo la Corea tradicional, que pedía tanta preparación humanística a sus funcionarios y pretendía poco de las mujeres de la aristocracia, asiste a un fenómeno inesperado, porque, como observa Cho, «la difusión de los *sijo*, ejemplo de la producción literaria de los *sadaebu* (los literatos intelectuales), se amplía inesperadamente». Las *kisaeng*, mujeres de origen humilde, tras una debida preparación y estudio, se convierten en las compañeras ideales de una velada transcurrida en banquetear, capaces de ser interlocutoras al mismo nivel que los cultísimos *sadaebu*. Con frecuencia el encuentro de una velada se transformaba luego en citas más serias y comprometidas, y las *kisaeng* se convertían así en compañeras para toda una vida, como en algunos de los casos presentados en esta antología, aunque nunca llegaran a ocupar el puesto de esposa principal. Reconociendo el prestigio de las *kisaeng*, que aumentaba proporcionalmente según su habilidad de declamación e improvisación de *sijo*, el de So Ch'unp'ung debió de aumentar notablemente tras el banquete en el que declamó los tres *sijo* que recogemos. Se cuenta que una noche So Ch'unp'ung fue llamada para servir de beber y entretener a los huéspedes durante un banquete de la corte, con la presencia del propio rey Sŏngjong. Los invitados eran altos funcionarios civiles y militares. Se dice que So Ch'unp'ung, dirigiéndose al Ministro de Estado, declamó un *sijo* que cantaba las alabanzas de los funcionarios civiles. Luego se colocó delante del Ministro de Asuntos Militares (*Piŏngjo p'anso)* y declamó un *sijo* que cantaba en cambio las alabanzas militares y su valor fundamental: su espíritu corporativo. Tras estos dos *sijo*, los dos grupos empezaron a discutir y litigar, y en este punto la dama compuso un tercer *sijo* donde se comparaba a sí misma con la pequeña aldea de Teng, a la que no le quedaba más remedio que servir a otras dos más fuertes, Qi y Chu. Con gran astucia, la *kisaeng* había conseguido mantener firme la atención y divertir, con mucha diplomacia, a los altos cargos del Estado.

30. «Ayer vimos a Yao y a Shun» y siguientes. Los tres *sijo* aquí presentados son cuanto nos queda de la producción literaria de So Ch'unp'ung y han sido objeto de atención por parte de muchos estudiosos, porque sea Hwang, sea Cho, sostienen que se trata de los *sijo* más antiguos atribuidos a una *kisaeng* que han llegado hasta nosotros.

31. Yao y Shun son dos emperadores chinos legendarios.

32. Versos referidos a una cita de *Mengzi*, Liang Hui Wang. Libro 1º, segunda parte, Capítulo XIII, y precisamente a una pregunta que el duque de Teng hizo al rey Huei de Liang: «Teng es un pequeño reino y está situado entre Qi y Chu. ¿Debo servir a Qi o bien debo servir a Chu?». Qi: antiguo

Estado feudal chino que ocupaba la parte nororiental de Shandong, y Chu nombre de un antiguo Estado feudal que existió entre el 740 y el 330 a. C., que comprendía las actuales provincias del Hunan, gran parte de Hubei y parte de Guizhou. Teng: nombre de un antiguo Estado feudal chino más bien pequeño que ocupaba la parte del actual Shandong, un área comprendida entre los dos antiguos estados de Qi y de Chu.

33. **Song Taech'un:**

De dicha *kisaeng* solo sabemos que era de Maengsan, localidad situada en la región de P'yŏngan septentrional, en la actual Corea del Norte. De ella quedan dos *sijo*, ambos contenidos en la presente antología.

34. **Songi:**

De esta *kisaeng* no nos ha llegado ninguna noticia biobibliográfica. Entre los *sijo* contenidos en esta antología, solo uno, el primero, es indiscutiblemente atribuible a ella, dada la coherencia de atribución de las fuentes. Para los demás *sijo* nos hallamos ante una atribución sostenida por una sola fuente.

35. «Pino, pino, me llamáis». *Sijo* contenido en veintiuna antologías de las cuales solo dos no indican la atribución. Todos los demás indican a Songi como la autora.

36. La concubina real (Guifei) Yang es considerada en literatura oriental un símbolo de incomparable belleza, pero también un símbolo de la brevedad de las cosas humanas. Hija de un funcionario local de China occidental y conocida por su indescriptible hermosura, en el 735 se convirtió en una de las concubinas del príncipe Shou, octavo hijo del emperador Tang Xuanzong (713-756). Tres años después, al morir la favorita del emperador, los ministros le sugirieron que escogiese a Yang. Apenas la vio el emperador, dicen, se enamoró perdidamente de ella y la acogió en su harén con el nombre de Tai Zhen. Pronto Yang Tai Zhen logró ganarse el respeto y la estima de la corte y del propio emperador, al modo de consorte imperial. En 745 se le otorgó el título de Guifei, segundo en importancia después del de Emperatriz. Durante los años siguientes se vio al emperador cada vez más enamorado de esta mujer, que no perdió ocasión para obtener fruto de su ventajosísima posición. A toda la familia de la concubina real le cayó una lluvia de privilegios y títulos de gran prestigio, además de enriquecerse sin límites. Pronto, sin embargo, las caprichosas peticiones de la concubina llegaron a proporciones exageradas, incluso los lichis, frutos a los que era muy aficionada, debían ser transportados a través de complicados servicios de correo desde las provincias meridionales hasta Chang'an. Los excesos de la corte Tang fueron una de las causas de la revuelta de invierno de 755-756, encabezada por el general An Lushan. Para huir de los rebeldes, el emperador y su corte se refugiaron en Chengdu, pero el emperador fue constreñido a ordenar el asesinato de su amada concubina por estrangulación. La triste orden fue ejecutada por un eunuco del séquito del emperador en un «camino de provincia» de la China noroccidental.

37. «¿Cómo será el amor?». Se trata de un fragmento relativamente popular, recogido en unas veinte antologías y repertorios de *sijo*, de los cuales uno solo lo cita atribuyéndolo a Songi.

38. «Gallo, no cantes». Se trata también, en este caso, de un *sijo* muy difundido a juzgar por el número de antologías y repertorios musicales que lo recogen.

39. Cita de la *Memoria Histórica (Shiji),* Historia del príncipe Meng Chang *(Meng Chang Jun zhuan),* donde se cuenta que el príncipe Meng Chang de Qi, durante la fuga del país de Chu, quedó bloqueado en una fortaleza. Uno del séquito del príncipe imitó tan bien el canto del gallo, que el guardián, creyendo que ya había llegado el alba, abrió las puertas, permitiendo así al príncipe ponerse a salvo.

40. «El río de Plata está de crecida». *Sijo* relativamente difundido en las antologías y en los repertorios musicales.

41. Esta composición está construida en torno a la leyenda de Altair y Vega (el Pastor y la Princesa Tejedora), nacida en China y difundida en toda el área de Asia extremo oriental. Según la leyenda, Vega (Chingnyŏ en coreano), sobrina del Emperador Celeste, tejía a diario preciosos tejidos de seda y brocado. Trabajaba tan duramente que nunca tenía tiempo para salir a divertirse. El Emperador Celeste se compadeció de la muchacha y decidió darla en matrimonio a Altair (Kyŏnu en coreano), que vivía al oeste del Río Celeste (también llamado Río de Plata, correspondiente a la definición occidental de Vía Láctea). Los dos se enamoraron perdidamente y vivieron felices muchos días, durante los cuales Vega no trabajó en absoluto. Esto enfureció al Emperador Celeste, que la mandó llamar y ordenó a Vega que regresara al Este del Río de Plata, permitiéndole encontrarse con Altair solo una vez al año. Ya de regreso al Este, Vega volvió al trabajo, pero debido a la profunda tristeza, no lograba tejer ya como antaño. Del mismo modo, Altair, en el Oeste, no lograba arar los campos y pensaba todo el día solo en su adorada Vega. Ambos estaban afligidos por la separación y la nostalgia recíproca. Finalmente, en el séptimo día del séptimo mes del año (el día llamado *ch'ilsŏk* en coreano), Vega y Altair lograron encontrarse nuevamente, estaban resplandecientes de alegría, es el día del año de su máxima luminosidad. Una bandada de urracas había formado un puente sobre el Río de Plata, de modo que Vega logró finalmente atravesarlo para volver a ver al amado Altair.

Altair y Vega son dos de las estrellas más brillantes de todo el firmamento, pertenecientes respectivamente a Alpha Aquilae, de la constelación del Águila –Altair en árabe significa águila–, y Alpha Lyrae, de la constelación de la Lyra. En la poesía coreana las referencias a Altair y Vega son muy frecuentes. Son símbolo de los amantes infelices, porque están lejos el uno del otro. El motivo de *ch'ilsŏk,* es decir, de la séptima noche del séptimo mes lunar, la noche en la cual los amantes infelices finalmente se encuentran tras una larga espera, es también algo recurrente en la producción literaria de las *kisaeng*.

42. La expresión «la jarra dorada» *(kŭmjun),* elegante metáfora para embriaguez, es una cita de dos poesías de Li Po (Li Bai) y de Du Fu.

43. Li Po (Li Bai, 699-762), famoso poeta chino de la época Tang, fue muy amado y conocido en Corea. Los poemas de la época Tang y Song figuraban entre las lecturas preferidas de los literatos coreanos, y, al parecer, también de las *kisaeng* poetisas.

44. Bella de Occidente: referencia que figura en la fuente *Anales de Wu y Yue,* donde se cuenta el episodio de una hermosa mujer de Wu que, después de una controversia entre los dos potentes Estados de Wu y Yue, del periodo de los Reinos Combatientes, fue entregada como esposa al rey Fucha de Wu. El reino de Wu capituló.

45. Referencia a un vino que una vez bebido embriaga por mil días.

46. **Tabok:**

Sobre Tabok, como sobre otras muchas *kisaeng,* las fuentes proporcionan muy poca información. Se supone que vivió en torno a la primera mitad del siglo xviii y que se enamoró del autor de una célebre antología de *sijo,* Kim Sujang, que vivió entre 1690 y 1766. El único *sijo* atribuido a ella está incluido en la presente antología.

47. «Las estrellas de la Osa se van amortiguando». La referencia a las islas de los inmortales indica un lugar legendario donde se creía que vivían los inmortales, del que se habla en el *Libro de las Diez Islas:* la Isla de los Antepasados; la Isla del Gran Mar (Océano) (nombre también de uno de los tres montes donde viven los inmortales); la Isla Negra; la Isla de las Llamas; la Isla Larga; la Isla de los Orígenes; la Isla de las Corrientes; la Isla de la vida; la Isla de los Fénix y de las Jirafas (en el Mar Occidental); y la isla donde se reúnen los hombres.

En realidad, según Sŏng, el término *sipju* sería también el seudónimo de Kim Sujang (1690-1766), autor de la antología de *sijo* titulada *Haedong kayo.* Partiendo de cuanto está indicado en el texto, parece que Tabok tuvo una historia con él y que, una vez acabada, ella le quiso dedicar este poema. Kim Sujang empleó dos seudónimos en su vida: Sipju, en la juventud, y Nogajae, en el periodo final. Teniendo en cuenta que Tabok lo llama Sipju, es posible pensar que el *sijo* fue compuesto alrededor de 1740.

Interesante, como con frecuencia sucede con los *sijo* de la *kisaeng,* el juego lingüístico entre el doble nivel semántico del término *sipju,* que puede indicar tanto el lugar legendario donde habitan los inmortales como el seudónimo del hombre amado por Tabok.

48. El *li* es una medida lineal que corresponde a alrededor de 393 metros.

49. **Choun:**

Kisaeng de Chŏngu, que vivió durante los reinos de Yŏnsan'gun (1494-1506) y de Chungjong (1506-1544). Se sabe que tuvo una importante historia de amor con el literato Nam Kon, al que está dedicado el poema en chino clásico aquí recogido.

50. **Ch'oun:**

Desgraciadamente no nos han llegado noticias biográficas de Ch'oun.

51. **Ch'uhyang:**

Kisaeng de Changsŏng, localidad situada en la región de Chŏlla meridional.

52. **Chukhyang:**

De Chukhyang sabemos únicamente que era una *kisaeng* de Pionyang conocida también con el nombre de Nanggan o Seuhyang, Kim Chiyong y Kim Miran.

53. **Hwang Chini:**

La poetisa más conocida de toda la historia de la literatura coreana, que escribió *sijo* y *hansi* (véase nota 7).

54. Cadena montañosa del Tibet de cuyo subsuelo se extrae una calidad de jade muy preciada.

55. Con los nombres de Chingnyŏ y Kyŏnu se hace referencia a la leyenda de Altair y Vega (el Pastor y la Princesa Tejedora), nacida en China y difundida en toda el área de Asia extremo oriental. Véase nota 41.

56. So Seyang (1486-1562), literato y funcionario que vivió durante el reinado de Chungjong. En 1509 superó el más alto de los exámenes de Estado y desde ese momento ocupó altos cargos en la Administración. Por su indiscutible conocimiento de los clásicos, conocedor también de los ambientes chinos Ming, le fueron asignados importantes encargos también en el interior de Ch'unch'ugwan, la sede estatal más importante para la compilación de los *Anales (sillok).* En 1532 fue enviado del rey a la corte de los Ming.

57. Hwang Chini nace en Songdo que, como ya he dicho, es el nombre antiguo de la ciudad de Kaesŏng, capital de la dinastía Koryŏ (918-1392), a la que se refiere la expresión «recuerdo de la dinastía precedente», del primer verso.

58. Instrumento musical de doce cuerdas de origen chino.

59. Instrumento musical de viento de origen chino semejante al coreano *saenghwang,* compuesto de una caja armónica cóncava de la que parten nueve o trece cañas de bambú de diferente longitud, por las que hay que soplar para obtener el sonido.

60. Esta expresión indica el mágico *sheng* de una divinidad que vive en los montes Goushi, situados en el actual Henan.

61. **Ilchihong:**

Kisaeng de Sŏnngch'ŏn, localidad situada en la región de P'yŏngan meridional. Se dice que compuso un poema titulado con su propio nombre, pero de este solo quedan los dos últimos versos.

62. T'aech'on se encuentra en la región de P'yŏngan septentrional, en la actual República Democrática Popular de Corea.

63. **Kang Chijaedang (Tamun):**

Autora que vivió a finales del siglo xix. De ella se sabe que fue concubina del literato Pae Chŏn.

64. El título completo de este escrito es muy largo: «Tras haber sabido de un próximo viaje de algunos dignatarios al Japón, he compuesto una poesía y la he escrito sobre el abanico de la *kisaeng* Chwihyang». Era bastante frecuente que, durante los viajes de los dignatarios y los literatos coreanos a otros países, en este caso a Japón, pero también a China, algunas *kisaeng* formaran parte del séquito. Tal vez en nuestro caso la autora haya querido dedicar esta composición a la *kisaeng* Chwihyang, posiblemente amiga suya, para augurarle un viaje sin peligros.

65. Abreviatura de Pongnaesan, monte que dice la leyenda está situado en medio del Mar del Este donde viven las hadas, o bien otro nombre de los famosos Montes de Diamante (Kŭmgangsan).

66. **Kŭmwŏn**

Conocida también como Kim Kŭmwŏn o Kŭmaeng, nació en Wŏnju, en 1817. Desde su juventud dejó claro que era un espíritu libre, emprendedor e indiferente a las asfixiantes convenciones de la sociedad tradicional de su tiempo, permeada de principios y prejuicios de inspiración neoconfuciana. A los doce años, Kŭmwŏn se travistió de hombre e inició un viaje a los Montes de Diamante, como para corroborar su determinación de hacer todo lo que deseara. Una vez convertida en la concubina del literato Kim Tŏkhŭi, se trasladó con él a la capital Hanyang, donde conoció a otras *kisaeng* poetisas, como Unch'o y Chuksŏ. Para su paisana Chuksŏ escribió un postfacio a su *Chuksŏjip* (Antología de poemas de Chuksŏ), en el que expresa su pesar por no haber nacido hombre y promete, junto con su amiga poetisa, nacer hombre en la próxima vida. El lugar de encuentro preferido de las poetisas era un pabellón junto al río Han, en la zona del Yonsan, propiedad del marido de Kŭmwŏn, el *Samhojŏng* (Pabellón de los Tres Lagos). Sus encuentros eran tan frecuentes que el trío fue rápidamente identificado como el Grupo de Poesía del Pabellón de los Tres Lagos, y el lugar se convirtió en un importante punto de encuentro no solo de las tres mujeres sino también de otras poetisas como Kyŏngsan y Kyŏngch'un. Kŭmwŏn en sus escritos, extremadamente adelantados a su tiempo, interviene a menudo contra la estricta segregación de sexos requerida por las rígidas normas neoconfucianas y se expresa con convicción a favor de una mayor libertad de acción para las mujeres coreanas. De ella se conserva la obra *Hodongsŏ nakki* (Notas dispersas a oriente y occidente del lago).

67. **Kyewŏl:**

No nos ha llegado mucha información biobibliográfica sobre esta autora: solo sabemos que era una *kisaeng* de Pyonyang y que fue la concubina del literato Yi Kwangdŏk (1690-1748).

68. Cuando se alude al río Taedong en la poesía coreana se entiende a menudo que se refiere al río chino Huáng Hé (río Amarillo), según

una tradición iniciada en la época de Koryŏ, cuando se compuso el canto *Taedong-ganggok* (Canto del río Taedong).

69. **Nanhyang:**
No se sabe nada a propósito de esta autora.

70. El traje en cuestión es un *chŏngsam,* un traje que se pone para los viajes o el entrenamiento militar en el campo. Puede, pues, presumirse que la persona a la que va dedicada esta composición fuera un militar o un funcionario público en misión.

71. **Noa:**
En algunos textos se la llama también Nohwa. Se dice que la *kisaeng* Noa era tan hermosa que se la disputaban muchos literatos y admiradores.

72. **Nŭngun:**
No ha llegado de ella hasta nosotros ninguna información biobiliográfica.

73. **Ŏkkun:**
En la colección *Taedong sisŏn* aparece como Sŭng Yigyo, *kisaeng* de Chinju, que vivió durante el reino de Sŏnjo (1567-1608). El nombre de niña era Ŏkch'un. Se dice que fue concubina del literato Kim In'gap

74. La alusión al monte Yang podría ser una cita del *Yangsan'ga* (Canto del Monte Yang), una canción muy en boga durante el periodo Silla, en la que se menciona un monte Yang situado en el territorio de Paekche.

75. **Sohong:**
De ella solo se sabe que era una *kisaeng* de Pionyang, actual capital de la República Democrática Popular de Corea.

76. **Sohyang:**
No nos ha llegado ninguna noticia respecto a la autora.

77. **T'aeil:**
Ch'anggi de Kwoesan, localidad situada en la actual región de Ch'ungch'ong septentrional. No nos ha llegado ninguna otra información de ella. Las *ch'anggi* eran *kisaeng* de un nivel jerárquico inferior.

78. El título original, bastante largo, significa: «Poesía ofrecida con ocasión del encuentro con algunos literatos en el pabellón Sajŏl».

79. Antiguo reino chino de la época Chunqiu (Primaveras y Otoños), situado en el valle del Fen, en Shanxi, «región montañosa idónea para la cría del caballo, en donde la organización política es la prolongación de la organización del ejército». En la cita se subraya el carácter guerrero del Estado de Qin, expresado por la autora en la contraposición entre los dos reinos de Qin y Chu.

80. Antiguo reino chino también de la época de la Primavera y el Otoño, situado en la región del Yangtsé medio en el valle del Hubei, cuyos príncipes reinaban sobre un vasto territorio poblado por tribus aborígenes. Existió en el periodo feudal entre el 740 y el 330 a. C., en la actualidad corresponde a la moderna provincia de Hubei.

81. **Tohwa:**

Kisaeng de la que no nos ha llegado más información excepto que es autora del poema aquí recogido.

82. **Tonginhong:**

Es una *kisaeng* de la época Koryŏ, la única incluida en la presente antología por el contenido de su breve composición que nos ofrece un elemento adicional de valoración de la vida de estas mujeres, desarrollada en los márgenes de dos mundos bien diferentes entre sí a pesar de formar parte de la misma sociedad: de un lado, el mundo de los literatos y las clases nobles; del otro, el de los desheredados, a menudo el mundo de origen de las *kisaeng,* en el que, según los prejuicios de las clases nobles, no habría lugar para la pureza y los ideales más altos. La presente composición sostiene exactamente lo contrario, es decir que incluso entre las *ch'anggi,* el nivel más bajo en la escala jerárquica de las *kisaeng,* pueden darse ideales como los de las muchachas de buena familia.

83. Título de la primera poesía de la sección Yongfeng del *Shijing,* un canto de alabanza de la virtud femenina.

84. **Unch'o:**

Kisaeng de Sŏngch'ŏn, conocida también con el nombre de Puyong o Ch'usu, considerada descendiente de una familia de nobles *yangban.* Su fama de gran poetisa llegó pronto a Pionyang desde Sŏngch'ŏn, y luego a la capital, Hanyang. Fue concubina de Kim Yiyang, un famoso literato-burócrata de la primera mitad del siglo xix, descendiente del ilustre clan de los Kim de Andong. En 1826, a los 72 años, el anciano Kim obtuvo del soberano Sunjo como premio un permiso especial para viajar por la región de Kwansŏ (otro nombre para indicar la bella región de P'yŏngan, actualmente en Corea del Norte). Durante aquel viaje conoció a Unch'o, y la atracción surgida del intenso intercambio y recíproca admiración hizo posible la superación de la enorme diferencia de edad entre Kim Yiyang y la joven Unch'o. En 1831, cuando la mujer principal de Kim murió, Unch'o fue nombrada oficialmente mujer secundaria y pudo trasladarse a Hanyang, en donde los dos se hicieron inseparables. Unch'o acompañaba siempre al anciano compañero a los encuentros literarios, cosa que le permitió conocer a muchos otros intelectuales, escritores y poetas de la capital. Durante el resto de su vida, Kim Yiyang trató siempre a Unch'o como si fuese la mujer principal hasta su muerte en 1845, a los noventa años. Al quedarse sola, Unch'o continuó participando activamente en la vida literaria de la ciudad y fue entonces cuando, con algunas amigas *kisaeng* y concubinas, entre ellas las ya citadas Kŭmwŏn y Chuksŏ, empezaron los encuentros del *Samhojŏng sidan* (Grupo de poesía del Pabellón de los Tres Lagos). No se conoce la fecha exacta de la muerte de Unch'o. Solo se sabe que murió antes de 1857. Su tumba se halla en Ch'ŏnan en los alrededores del monte Kwangdŏk (Kwangdŏksan).

85. En el texto original para nombrar el río se usa P'aesu, nombre antiguo del río Taedong, que atraviesa Pionyang.

86. **Ŭnsong:**

No nos ha llegado ninguna información biobibliográfica de la autora.

87. La traducción literal es «el puente bajo la Vía Láctea», pero por exigencia de la traducción he preferido abreviar en «Bajo la Vía Láctea».

88. La Cueva de Jade es el lugar donde se pensaba que habitaba la Suprema Divinidad del taoísmo.

89. Río que discurre por la región china de Henan, afluente del río Xiang.

90. El río Xiang es uno de los principales afluentes del Yangtsé. Discurre también como el Xiao por la región de Henan. El paisaje a lo largo del curso de los dos ríos se suele citar en literatura como símbolo de un paisaje de incomparable belleza.

ÍNDICE

SEGUNDA PARTE: *HANSI*

Este libro,
cuadragésimo sexto de la colección
poesía del oriente y del mediterráneo,
acabose de imprimir el 14 de septiembre de 2025
aniversario del nacimiento
del escritor español
Francisco de Quevedo.

·

Prado Luis, 11
E-28440 Guadarrama (Madrid)
correo electrónico: info@orienteymediterraneo.com
web: www.orienteymediterraneo.com
bitácora: http:\\orienteymediterraneo.blogspot.com

Diseño de cubierta:
ediciones del oriente y del mediterráneo
a partir de Sin Yunbok (segunda mitad del siglo XVIII),
La cortesana (29,6 x 24,8 cm, Museo Nacional de Corea).
Impreso en España

ÚLTIMOS TÍTULOS PUBLICADOS

ÚLTIMOS TÍTULOS PUBLICADOS